HEYNE FILMBIBLIOTHEK

Mary Thürmer

JOHN TRAVOLTA

Wiedergeburt eines Stars

Originalausgabe

WILHELM HEYNE VERLAG
MÜNCHEN

HEYNE FILMBIBLIOTHEK
Nr. 32/249

Herausgegeben von Bernhard Matt
Redaktion: Rolf Thissen

BILDNACHWEIS:

Bildarchiv Engelmeier 9, 13, 17, 19, 25, 34, 39, 45, 50, 55, 58, 61,
65, 69, 71, 77, 78, 81, 82, 83, 86, 89, 91, 95, 96, 97, 99, 103, 107,
109, 113, 115, 116, 118, 121, 123, 125, 126, 128, 130, 132, 133,
135, 136, 137, 139, 151, 155, 157, 163, 165, 167, 170, 173, 177, 178, 179,
191, 195; dpa/AFP159, 193; dpa/Camera Press/Jerry Watson 185;
dpa/Düren 92; dpa/epa 145; Pandis Media 197;
Pandis Media/Angeli 29; Pandis/Media/Sygma 12

Copyright © 1997 by Wilhelm Heyne Verlag GmbH & Co. KG,
München
Printed in Germany 1997
Umschlagfoto: action press/Erwin Schuh, Hamburg
Rückseitenfoto: Bildarchiv Engelmeier, München
Umschlaggestaltung: Atelier Ingrid Schütz, München
Herstellung: H + G Lidl, München
Satz: Fotosatz Völkl, Puchheim
Druck und Verarbeitung: Ebner Ulm

ISBN 3-453-11859-6

Inhalt

John Travolta – Staying Alive

»Der Junge ist so schön wie sein Name. Ein großes, flächiges, steiles Gesicht, Grübchen am Kinn, ein breitlippiger, ›träumen-der‹ Mund, der, wenn er synchronisiert wird, mit einem Schlei-erblick der Augen, auf Teens und Hausfrauen und auch auf Witwen wirkt; das schwarze Haar ist nicht ohne Schmachtlocke getürmt. Travolta ist der Typ des romantischen wie des roma-nischen Liebhabers. Er hat viele Gebärden von Unsicherheit, Verlegenheit und Scheu, hinter denen er so lange einen frechen, provozierenden Sex versteckt, bis er – aus der Scheu heraustre-tend – das erotische Körpergefühl durch den knappen exakten Schritt des Tänzers, den Hüftschwung, das Spiel der Körper-linien wie das Verzögern von Bewegungen darzustellen beginnt. Er spielt mit Unschuld und Herausforderung und für beide Ge-schlechter.«

(Günther Rühle, *FAZ*, 20.1.1978)

Wenn John Travolta tanzte, gerieten in den siebziger Jahren ge-legentlich selbst die Redakteure ehrwürdiger Tageszeitungen ins Schwärmen. Wo immer er auftauchte, kreischten die Tee-nies vor Begeisterung oder wurden vor Aufregung von Wein-krämpfen geschüttelt – wie zuvor eine andere Generation, wenn vier Pilzköpfe aus Liverpool auftauchten. Anders aber als bei den Beatles, die seinerzeit die unumstrittenen Lieblinge aller Jugendlichen zwischen 15 und 30 waren, schieden sich an Travolta die Geister: Wer ihn nicht liebte, lehnte ihn heftig ab. *Saturday Night Fever,* sein erster großer Kinofilm, hatte den 24jährigen zum Jugendidol und zu einem der gefragtesten Schauspieler Hollywoods gemacht. Im weißen Polyesteranzug, den rechten Arm in Siegerpose nach oben gestreckt, verkör-perte Travolta in der Rolle des Tony Manero die Disco-Kultur der siebziger Jahre und damit in gewisser Weise das ganze Jahrzehnt. Der einfache Junge aus Brooklyn, der für ein neues Hemd einen Wochenlohn hergibt und sein eigentliches Leben nach Feierabend lebt, wurde zur Identifikationsfigur von Mil-lionen von Kids auf der ganzen Welt.

Die Disco-Welle, Spiegelbild einer konsumorientierten und angepaßten Jugend, und der ebenso hübsche wie auf den ersten Blick kantenlose John Travolta mit den faszinierenden transparent-blauen Augen und dem niedlichen Grübchen schienen wie füreinander geschaffen. War Travolta also nur zur richtigen Zeit am richtigen Ort? Oder was unterschied ihn sonst von anderen Newcomern im Filmbusineß? Glück und Zeitgeist allein machen schließlich niemanden zum Weltstar, auch nicht in Hollywood. Von einer Karriere als Schauspieler träumen ganze Generationen von Jugendlichen; was Travolta auszeichnete, waren die Begeisterung und die Konsequenz, mit denen er dieses Ziel verfolgte. Schon als Fünfjähriger war er von Tanz, Gesang und Schauspiel fasziniert. 16jährig verließ er die Schule, tingelte in den folgenden Jahren mit Theaterstücken und Musicals durch die amerikanische Provinz. Er hielt sich mit Werbespots finanziell über Wasser und hoffte auf die große Chance. Mit der Fernsehserie *Welcome Back, Kotter* begann Travoltas Aufstieg zum Teenie-Idol. Ein paar Jahre später landete er mit *Saturday Night Fever* und der Verfilmung des Broadway-Musicals *Grease* gleich zwei Kinohits hintereinander – und wurde damit auch international ein Star.

Genialer Selbstdarsteller ...

An der Frage von John Travoltas Begabung für sein Metier scheiden sich die Geister: Ist John Travolta ein guter, ein schlechter oder möglicherweise überhaupt kein Schauspieler? Travolta sei eigentlich gar kein Schauspieler, meinten viele, denn er spiele immer nur sich selbst – ein Etikett, das ihm besonders zu Zeiten anhaftete, als er überwiegend jugendliche Draufgänger und Sexidole mimte. Doch eben weil seine Fans Travolta mit seinen Rollen identifizierten, war er ihr Idol und eben nicht nur ein beliebter Schauspieler.
»Der junge Mann ist wirklich ein Star und einer von der Sorte, die Hollywood-Kenner seit dem Tod von Humphrey Bogart, Errol Flynn oder Gary Cooper für alle Zeiten dahingegangen glaubten. Denn die Nachfolger dieser großen drei, Männer wie Robert Redford, Dustin Hoffmann, Robert DeNiro, Paul

Schon immer von Tanz fasziniert: Szene aus ›Grease‹

Newman und Al Pacino, beweisen Starqualitäten allenfalls noch an der Kinokasse. Sie sind Schauspieler, die mal diese und mal jene Rolle meistern, aber vom Publikum mit ihren Rollen nicht identifiziert werden. Ihre Vorgänger James Dean, der junge Marlon Brando und Elvis Presley waren jahrelang die letzten, bei denen die Fans nicht zuerst an Schauspielkunst, sondern an das eigene Leben dachten. Und nun John Travolta. Auch ihn packen seine Bewunderer nicht bei der Rolle, sondern bei der Existenz«, schrieb Alfred Nemeczec 1978 im *Stern*. Sie packten Travolta tatsächlich bei der Existenz, allerdings in einem anderen Sinne, als Nemeczec das hier gemeint hat. Denn für den Schauspieler Travolta sollte die Identifikation seiner Person mit seinen Rollen zur unentrinnbaren Falle werden.

Einmal auf das Rollenklischee festgelegt, das er in *Saturday Night Fever* und *Grease* verkörperte, kam er aus dieser Schublade lange Zeit nicht mehr heraus. Sein dritter Film, *Moment By Moment,* markierte 1978 den Wendepunkt in Travoltas Karriere. In dem sentimentalen Rührstück spielte er statt des jugendlichen Draufgängers den Lover einer älteren Frau. Der Film fiel durch, und mit ihm stürzte John Travolta.

... oder ewiger Komödiant?

Was seinen extravaganten Lebensstil angeht, war John Travolta schon in jungen Jahren ein echter Star. Ohne Luxus aufgewachsen, leistete er sich all das, wovon er als Knabe geträumt hatte: einen ganzen Fuhrpark PS-starker Edelkarossen, mehrere Flugzeuge und Eigenheime. Allerdings hat er nie über seine Verhältnisse gelebt, wußte sein Geld immer gut anzulegen. Als Jungstar kultivierte Travolta zeitweise auch entsprechende Allüren, umgab sich mit einem Hofstaat und ließ sich abschotten wie eine Diva. Anderen Versuchungen hingegen hat er ein Leben lang widerstanden: Travolta raucht nicht, trinkt nicht und nimmt auch sonst keine Drogen. Das war schon so, als er 20 war. Und seinerzeit in Hollywood so ungewöhnlich, daß Travolta oft den Eindruck hatte, die Presse warte geradezu darauf, ihn zugekifft oder auf einer Sauftour zu erwischen.

Der Mensch hinter dem Star und Schauspieler ist schwer zu fassen. Liebenswert, jungenhaft und charmant, zuverlässig und offen, verletzlich und schüchtern, aber auch ehrgeizig und eitel – all das sind Seiten des John Travolta, der sich selbst einmal als echtes Chamäleon bezeichnet hat. Travolta gilt als Familienmensch, begeisterter Vater und zuverlässiger Freund. In Interviews gab er sich als junger Mann bescheiden und kooperativ. Er ließ sich als Sexsymbol und Herzensbrecher abstempeln und psychologisierte freimütig über eigene Abgrenzungsprobleme und Bindungsängste.

Ebenso wie er in seine Rollen schlüpft, sich mit den Personen, die er darzustellen hat, vollständig identifiziert, ist er bemüht, sich im Gespräch in sein Gegenüber hineinzuversetzen, sagt Travolta. Es soll auch tatsächlich schon passiert sein, daß Travolta in einem Interview mit einem ihm völlig fremden Journalisten in Tränen ausbrach, weil der ihm etwas Trauriges erzählt hatte. Doch wie gesagt, Travolta ist ein Chamäleon. Vielleicht ist ja alles nur Theater. Es könnte durchaus sein, daß Travolta immer und überall Schauspieler ist.

Zwischen Flop und Top

In den eineinhalb Jahrzehnten nach *Moment By Moment* machte John Travolta eine ganze Reihe von Filmen, von denen einige gut *(Blow Out, Look Who's Talking),* einige ganz akzeptabel *(Urban Cowboy)* und einige schlicht und einfach lausig sind *(Shout).* Er spielte Journalisten und Taxifahrer, Lehrer, Sozialarbeiter und Erfinder – und er war stets der Gute, der Held. Einige der Filme wurden akzeptable Kassenerfolge, andere fanden bei der Kritik mehr Zustimmung als bei den Zuschauern, und wieder andere kamen überhaupt nur als Videos auf den Markt. Ganz nach oben aber kam Travolta nicht mehr. Es gab zwar einige Zwischenhochs, doch insgesamt fiel Travoltas Marktwert in Hollywood zwischen 1979 und 1993 konstant. Travolta war nicht schlechter geworden, aber sein Name zog nicht mehr, konnte einen Film nicht mehr verkaufen. Und das reichte aus, um ihn bei interessanten Rollen nicht zu berücksichtigen. Plötzlich schien es niemand mehr zu geben, der Travolta und seine Filme je gemocht hatte. Eine ganze Generation habe ihn verleugnet, und »es war schick, sich über mich lustig zu machen« – eine bittere Erfahrung für den ehemaligen Superstar.

Mit nicht einmal 25 Jahren auf dem Zenit des Erfolgs, ein paar Monate später dann der Absturz, und mit Mitte 30 scheinbar am Ende – wie verkraftet man das? Vielleicht am besten mit lakonischem Humor: »Damals bin ich so oft von Journalisten

Akzeptabel: ›Urban Cowboy‹

durchgekaut und wieder ausgespuckt worden, daß ich schon aus Gesundheitsgründen aufhören mußte, Zeitung zu lesen.« Doch dann trat 1993 ein gewisser Quentin Tarantino in Travoltas Leben. Der war in Hollywood eben als neues Regie-Wunderkind entdeckt worden und wollte für seinen nächsten Geniestreich unbedingt John Travolta als Darsteller haben. Damit stieß er zwar auf allgemeines Unverständnis, doch Tarantino blieb unbeirrbar – und der Erfolg sollte ihm recht geben. Bei Tarantino durfte Travolta ungepflegt und dick sein, er durfte sich auf dem Tanzparkett selbst parodieren und endlich einmal

›Staying Alive‹

einen Gangster spielen. Er machte das perfekt, war in der Rolle des Killers Vincent Vega besser als je zuvor. *Pulp Fiction* wurde zum Kultfilm, und Travolta war wieder ganz oben. Filmproduzenten und Regisseure rissen sich um ihn, er drehte einen Film nach dem anderen.

Und mit der Nachfrage stieg Travoltas Preis: Für *Pulp Fiction* hatte er 140.000 Dollar bekommen, zwei Jahre später soll er 21 Millionen Dollar pro Film verlangt haben – eine Million mehr als die bis dahin teuersten Hollywood-Stars. Eine Oscar-Nominierung und zwei Golden Globes brachten Travolta seine neuen Filme ein, und er, der über 40jährige, durfte immerhin sein markantes Grübchenkinn zu Hollywoods aktuellem Traummann beisteuern, den das US-Magazin *Details* am Computer zusammenbastelte.

Travoltas Wiedergeburt mit *Pulp Fiction* wurde von den Medien als das Comeback des Jahrzehnts gefeiert. Travolta allerdings hat sich gegen diesen Begriff immer gewehrt. Ganz weg sei er nie gewesen, und schließlich hätten auch andere Schauspieler erfolgreiche und weniger erfolgreiche Filme gedreht, ohne daß darum so viel Aufhebens gemacht würde. Auch Quentin Tarantino mag es nicht besonders, wenn von Travoltas Comeback gesprochen wird. Sein Credo war und ist: »*Travolta's staying alive.*«

Vom Tingelstar zum Serienhelden

Travoltas Aufstieg zum amerikanischen Teenie-Idol

John Travolta stammt aus der amerikanischen Provinz, genauer gesagt aus Englewood in New Jersey, einer beschaulichen 25.000-Seelen-Gemeinde, nur eine halbe Autostunde von New York City entfernt. Hier ist er geboren und aufgewachsen. »Die Nähe zu Manhattan gab mir immer eine wundervolle Balance: Auf der einen Seite hast du die Ruhe des Landes, auf der anderen Seite bist du nah genug an der Metropole, ohne dich aber von den New Yorker Neurosen infizieren zu lassen. Du bist quasi am Rande des Sturms – und das macht dich merkwürdigerweise sehr kosmopolitisch«, berichtete Travolta später dem *Rolling Stone* über das Leben in seinem Heimatort (Februar 1996).

Weltoffen und gleichermaßen behütend, kleinbürgerlich trotz vielfältiger künstlerischer Ambitionen, so war auch die Familie, in die John Travolta am 18. Februar 1954 als jüngstes von sechs Kindern hineingeboren wurde. Der Reifenhandel des Vaters machte die Travoltas nicht reich, warf aber genug ab, um alle sechs Kinder auf die High School zu schicken und einmal im Jahr mit der ganzen Familie in die Ferien zu fahren. Die Eltern, bei der Geburt ihres Jüngsten beide schon über 40, führten eine Bilderbuch-Ehe, Familiensinn und Clan-Denken wurden großgeschrieben.

Travoltas Vater Salvatore war das Kind italienischer Einwanderer. Von ihm erbte John seinen Latin-Lover-Look, die dunklen Haare, das Kinn mit dem markanten Grübchen und den klangvollen, wie für eine Filmkarriere geschaffenen Nachnamen. Die Liebe zur Schauspielerei jedoch, seinen Ehrgeiz, ein großer Star zu werden, hat er – wie auch seine berühmten transparent-blauen Augen – seiner irischstämmigen Mutter Helen, einer ehemaligen Schauspielerin, zu verdanken. Die Eltern überhäuften ihre Kinder mit Liebe und Anerkennung und gaben ihnen das für den amerikanischen Mittelstand so typische Selbstvertrauen mit – das Bewußtsein, etwas Besonderes zu sein, und bei allem, was sie je anfassen würden, Erfolg zu haben.

Schon immer, so lange er überhaupt zurückdenken kann, hatte John Travolta davon geträumt, Schauspieler zu werden. In einer Familie wie der seinen ein naheliegender Berufswunsch. Schließlich war die vergötterte Mutter aus dieser Branche und setzte alles daran, die Liebe zum Showbiz und zum Theater an ihre Kinder weiterzugeben. Sie hatte zwar nach ihrer Heirat die eigene Karriere hintangestellt, betreute aber Schüleraufführungen an den High Schools der Gegend und nahm John schon als kleines Kind zu den Proben mit. Im festen Glauben an das Talent ihrer Kinder unterstützte und förderte sie jegliche Ambitionen auf diesem Gebiet. Auch Johns fünf ältere Geschwister gingen in die Showbranche und machten dort ihren Weg.

Die Mutter war es auch, die als selbstbewußte und auch außerhalb der eigenen vier Wände aktive Frau Travoltas Frauenbild prägte – ebenso wie die karriereorientierten Schwestern. »Women's Lib hat mich insofern überrascht, als ich bis zu meinem 20. Lebensjahr gar nicht wußte, daß es da Probleme gab. Bis mir mal eine Karrierefrau erzählte, wie sie sich in der Busineßwelt der Männer durchkämpfen mußte. Mein Gott, war ich schockiert. Ich bin in der Welt des Showbusineß aufgewachsen, da gab es solche Repressionen nicht. Die Frauen in meiner Familie, meine Mutter und meine drei Schwestern, waren nie unterdrückt.« (*Stern,* Oktober 1983)

Jüngstes von sechs Kindern zu sein, hieß für Travolta aber nicht nur, im Mittelpunkt zu stehen und verwöhnt zu werden. Es gab da unübersehbare Schattenseiten: »Meine Eltern waren bei meiner Geburt beide 42 Jahre alt. Als ich anfing, sie bewußt wahrzunehmen, waren sie schon um die 50. Ich begann, das Leben durch ihre Augen zu sehen, aber das Leben durch die Augen von 50jährigen ist vermutlich nicht so lustig, wie es für ein Kind sein sollte. Ich beobachtete meine 50jährigen Eltern, ihre Ängste, ihre Trauer. Das bin ich nie losgeworden, und deshalb war meine Perspektive immer die eines älteren Menschen. Ich neige zur Melancholie, weil ich meine Jugend nicht immer zu schätzen weiß.« (*Rolling Stone,* August 1983)

Hang zur Melancholie: Szene aus ›Perfect‹

Kaum konnte er richtig stehen und sicher gehen, begann John Travolta auch schon zu tanzen. Bevorzugt imitierte der Knirps vor dem Fernseher James Cagney in *Yankee Doodle Dandy*. Um dieses Talent zu fördern und ihrem zappeligen Jüngsten Gelegenheit zu geben, sich auszutoben, schickte die ambitionierte Mutter den Fünfjährigen in eine renommierte Tanzschule. Dort lernte der Knabe unter der Anleitung von Fred Kelly, dem Bruder des berühmten Gene Kelly, was ihm später einmal zu Ruhm und Reichtum verhelfen sollte. Ansonsten nahm Helen Travolta die Zukunft ihres Sprößlings in die eigenen Hände: Sie gab ihm Schauspiel- und Sprechunterricht, merzte seinen New-Jersey-Akzent aus und achtete darauf, daß er sauberes Amerikanisch sprach.

Als Mutter Helen meinte, der Sprößling sei soweit, ließ sie ihn für eine Rolle in einer High-School-Produktion vorsprechen.

Da war John zehn Jahre alt. Doch die Hauptrolle, um die er sich beworben hatte, ging an seinen Bruder Joey, und das traf den Ehrgeizigen tief. Vorübergehend ließ er die Finger vom Schauspielern. Helen Travolta aber, nicht bereit, ihre Zukunftspläne für den Jüngsten so schnell zu begraben, schickte ihn zwei Jahre später zum Vorsprechen ins *Actors Studio.* Diesesmal verlief alles nach Plan. John Travolta erhielt seine erste Mini-Rolle in einem Stück mit dem Titel *Who'll Save the Ploughboy?*

Wie fast alle Menschen, die schon in früher Kindheit vom Ehrgeiz eines Elternteils zu besonderen Leistungen geführt werden, hat auch Travolta später in Interviews immer wieder versichert, ihm habe das alles großen Spaß gemacht. Immerhin gestand Travolta ein, durch sein frühes Interesse an Tanz und Theater habe er sich unter Gleichaltrigen gelegentlich isoliert und einsam gefühlt – sicherlich mehr als ein zarter Hinweis darauf, daß auch seine Karriereträume einer unbeschwerten Kindheit nicht unbedingt zuträglich gewesen sind.

Klassen-Clown

Auch wenn er nicht so oft schwänzte wie sein derzeitiger Lieblingsregisseur Quentin Tarantino, besonders wohl fühlte sich auch Travolta in der Schule nicht. Er war nur ein mittelmäßiger Schüler. Die ersten fünf Schuljahre besuchte er eine katholische Lehranstalt, dann wechselte er auf eine staatliche Schule. Die neue Schule wurde überwiegend von Farbigen besucht, und das gefiel Travolta: »Von Anfang an mochte ich die Schwarzen, und sie mochten mich, weil ich tanzen konnte und Späße mit ihnen machte. Die weißen Kinder haben nie über meine Witze gelacht, nur die Schwarzen. Das war das erste Mal, daß ich allgemein akzeptiert wurde. Alle Eigenschaften, die mich auszeichnen, sind die Eigenschaften Schwarzer – mein Sinn für Humor, mein Tanzen, meine Offenheit, die Sexualität meiner Bewegungen.« (*Rolling Stone,* August 1983) Wahrscheinlich stachelte Travoltas Ehrgeiz besonders an, von den Farbigen auf ihrem ureigensten Gebiet akzeptiert zu werden, jedenfalls beschäftigte er sich mit jedem neuen Tanz, studierte alle Schritte und Posen ein. Immer noch fühlte er sich als Außenseiter, war eher schüchtern, und noch trennten ihn Milchstraßen vom Image des Teenie-Sexsymbols. Dazu, so befand er später, habe auch sein Äußeres nicht sonderlich getaugt: Mager und unproportioniert und mit einer im Verhältnis zu seinem Gesicht zu großen Nase gesegnet, sei er nicht unbedingt ein attraktiver Teenager gewesen (*Playboy,* Dezember 1978)

Familie, Tanzen und Schauspielern, Sport, Musik, Filme und Bücher sowie nicht zuletzt die Entdeckung des anderen Geschlechts, das waren die zentralen Themen im Leben des heranwachsenden John Travolta. Er bewunderte Elvis Presley und die Beach Boys, und als die Beatles Amerika eroberten, trug auch er den obligaten Pilzkopf und vergötterte Paul McCartney. Was in der Weltgeschichte sonst so vor sich ging, beispielsweise der Vietnam-Krieg, beschäftigte ihn nicht sonderlich; lie-

Spielt gerne den Clown: Szene aus ›Kuck mal, wer da spricht‹

ber wandte er den Blick nach innen: »Es interessierte mich mehr, warum ich mich in der Schule so unwohl fühlte. Also belegte ich einen Psychologiekurs, um herauszufinden, was mich krank machte. Ich hatte immer das Gefühl, wenn ich herausfinden würde, was in mir vorgeht, würde ich vielleicht auch tieferen Einblick in die äußeren Vorgänge erhalten. Ich mußte erst einmal meine persönlichen Probleme in den Griff kriegen, bevor ich mich mit dem Vietnam-Krieg auseinandersetzen konnte.« (*Playboy,* Dezember 1978)

Bühnenbretter statt Schulbücher

Die Schule mehr als Last denn als Lust empfindend, spielte Travolta in seiner Freizeit mit um so größerer Begeisterung Theater. Mit 16 erhielt er während der Ferien im Rahmen des Sommertheaters ein Engagement in *Bye Bye Birdie,* einer Parodie auf die Rock'n'Roll-Ära und die Hysterie, die 1958 unter den Teenagern ausbrach, als Elvis Presley zum Militärdienst eingezogen wurde. Und wenn es das Honorar ist, das den Profi vom Laienschauspieler unterscheidet, dann war dies Travoltas erstes Profi-Engagement. 50 Dollar pro Woche erhielt er für seine Darstellung des Hugo Peabody, eines ziemlich hilflosen, scheuen Knaben, der vor Eifersucht vergeht, weil seine Freundin Kim für das Teenie-Idol Conrad Birdie schwärmt – nicht eben der Siegertyp, auf den Travolta später festgelegt werden sollte.

Allerdings scheint Travolta seine Sache recht überzeugend gemacht zu haben; jedenfalls wurde eines Abends Bob LeMond, ein Agent auf der Suche nach jungen Talenten, auf ihn aufmerksam. LeMond, der eigentlich wegen eines anderen hoffnungsvollen Talents in die Provinz gereist war, diente sich jetzt Travolta als Agent an. Der bat um Bedenkzeit, und man vereinbarte, sich nach der Sommersaison in New York zu treffen. Als sich das Gastspiel seinem Ende näherte und das neue Schuljahr drohend am Horizont aufzog, hatte LeMonds verführerisches Angebot längst in Travolta zu gären begonnen. Doch John Travolta, im wirklichen Leben ebensowenig Rebell wie in seinen Erfolgsfilmen, wollte diesen entscheidenden

Schritt nicht ohne das Einverständnis seiner Eltern wagen. Wieder nach Hause zurückgekehrt, bat er deshalb um die Erlaubnis, von der Schule abgehen zu dürfen, um Schauspieler zu werden. Zögerlich stimmten die Eltern zu – immerhin hatten die fünf Geschwister alle ihren High-School-Abschluß gemacht. Man einigte sich auf einen Handel: Ein Jahr wurde John zugestanden, um in seinem neuen Metier als Profi Fuß zu fassen. Sollte der Versuch schiefgehen, würde er klaglos wieder die Schulbank drücken und die High School abschließen. Dann würde er, der schon als Knirps auf dem Grundstück seiner Eltern hingerissen den Anflug der Düsenmaschinen auf New York verfolgt hatte, seine zweite große Leidenschaft zum Berufsziel machen und Pilot werden.

Travolta verließ die Schule – eine Entscheidung, die zu bereuen er zumindest in den kommenden zehn Jahren keinen Grund haben sollte. Allerdings äußerte er 1978 gegenüber dem *Playboy*, der Mangel an formaler Bildung mache ihm gelegentlich schon zu schaffen. Andererseits aber habe Intelligenz nichts mit Bildung zu tun, und im übrigen vertraue er seinen Gefühlen und sei meist gut damit gefahren. Dumm sei er jedenfalls nicht, und daß er weder besonders belesen sei noch über einen riesigen Wortschatz verfüge, könne er ja bei Bedarf jederzeit mit Hilfe von ein paar Büchern und einem Wörterbuch abstellen (*Rolling Stone*, August 1983).

Travolta ging seine Karriere planmäßig an. Zunächst wohnte er weiterhin bei seinen Eltern und pendelte zwischen Englewood und New York City. Irgendwann wurde ihm das ständige Hinundherfahren dann lästig. Er zog ganz nach New York und lebte höchst bescheiden mit ein paar Kollegen in einer Wohngemeinschaft. Er nahm Schauspiel-, Gesangs- und Tanzunterricht und begab sich unter die Fittiche des besagten Bob LeMond, der in den folgenden zwölf Jahren als Agent und Freund seinen steilen Aufstieg ebenso wie den darauf folgenden tiefen Sturz begleiten sollte. Die Zusammenarbeit lief von Anfang an erfreulich. Seinen Lebensunterhalt und die vergleichsweise hohen Kosten für seine weitere Ausbildung bestritt Travolta mit Werbespots, die LeMond ihm besorgte. Außerdem machte Travolta wie jeder Nachwuchsschauspieler die üblichen Runden, um die wichtigen Leute kennenzulernen; wie später in seiner Rolle als Tony Manero in *Staying Alive* übte er sich im Klinkenputzen, um für Theater- und Musical-Produktionen oder auch eine Nebenrolle in einer Fernsehserie vorsprechen zu dürfen.

Off und on Broadway

In den Medien wurde gelegentlich behauptet, im Gegensatz zu seinem Dauerkonkurrenten Richard Gere habe Travolta keine solide Bühnenausbildung. Das ist so nicht richtig, denn Travolta hat sich zwischen 1970 und 1975 reichlich Bühnenerfahrung als Schauspieler und Musical-Interpret erworben. Er selbst meinte zu seiner Bühnenkarriere selbstkritisch: »Ich glaube, ich habe auf der Bühne eine ganze Menge Präsenz gezeigt, und ich war gut. Aber ich glaube nicht, daß ich die Technik für eine ernsthafte Bühnenkarriere hatte. Ich hatte nie das Gefühl, die Leute in der letzten Reihe mit meiner Darstellung zu erreichen. Ich erreichte vielleicht gerade mal die dritte Reihe.« (*Rolling Stone,* August 1983)

1971 gastierte Travolta wieder im Rahmen des Sommertheaters in Pennsylvania. Auf dem Spielplan standen die Musicals *The Boy Friend* von Sandy Wilson, eine heiter-ironische Gesellschafts- und Verwechslungskomödie im Stil der zwanziger Jahre, und anschließend *She Loves Me,* eine Liebesgeschichte nach dem Film *The Shop Around the Corner (Rendezvous nach Ladenschluß)* von Ernst Lubitsch. Nach dem Ende der Sommersaison spielte er in New York Theater und wirkte in *Metaphors* und *Rain* mit. Gastauftritte in verschiedenen TV-Serien, darunter *The Rookies, Emergency* und *Owen Marshall,* brachten erste Fernseherfahrungen.

Als nächstes tourte Travolta neun Monate lang mit *Grease* durchs Land und debütierte nach dem Ende der Tournee 18jährig mit diesem Musical am Broadway. Allerdings nicht in der Hauptrolle des Danny Zuko wie später im Film. Im Gegenteil: Auf der Tournee wie am Broadway verkörperte Travolta Doody, den jüngsten der Teenager-Gruppe – lieb, ein wenig naiv und nicht so hart, wie er gerne wäre. Travolta spielte in dieser Zeit überwiegend solche Rollen – Richard Gere, der etwa um die gleiche Zeit in London und später ebenfalls am Broadway in *Grease* auf der Bühne stand, hatte schon damals unzweifelhaft das bessere Händchen für attraktive Rollen, denn er spielte gleich den Siegertypen Danny Zuko.

Doch zurück zu Travolta. Für ihn stand nach *Grease* mit dem Musical *Over Here* eine weitere Broadway-Produktion auf dem Programm. Außerdem machte er weiterhin Werbespots und vervollständigte seine Ausbildung. Doch nicht alles gelang. Die ersten Versuche, in einem Kinofilm eine Rolle zu bekommen, scheiterten. So sprach er für *Panic in Needle Park* ebenso erfolglos vor wie für *The Last Detail*. Aber solche Niederlagen gehören zu den Spielregeln der Branche, auf die er sich eingelassen hatte, und vermochten seinen Optimismus nicht nachhaltig zu bremsen. Inzwischen hatte Travolta auch finanziell etwas mehr Spielraum, und so widmete er sich jetzt aktiv seiner zweiten großen Liebe, der Fliegerei. Er nahm Flugstunden und machte den Pilotenschein für einmotorige Flugzeuge. Gut ein Jahr später erstand er für 5000 Dollar sein erstes eigenes Sportflugzeug, ein *Aircoupe*.

Markenzeichen unter der Mönchskutte

Neue Herausforderungen schienen angesagt. Und wer in Amerika zum Film will, kommt in aller Regel an Hollywood, dem Zentrum der amerikanischen Filmindustrie, nicht vorbei. Deshalb verlegte Travolta nach Beendigung des Engagements in *Over Here* 1974 auf den Rat von Bob LeMond hin seinen Wohnsitz an die Westküste der Vereinigten Staaten nach Kalifornien.

Eine ganze Weile tat sich wenig, dann wurde er für eine kleine Rolle in dem lausigen Horrorfilm *The Devil's Rain* engagiert, der 1979 unter dem Titel *Nachts, wenn die Leichen schreien* in die deutschen Kinos kam. Travolta hatte nur ein paar Zeilen Text zu sprechen und war zudem in eine Mönchskutte gehüllt, aus deren Kapuze gerade mal sein markantes Grübchen herausschaute – nicht unbedingt ein maßgeschneidertes Kinodebüt für ein zukünftiges Massenidol. Travolta nannte den

Film später verächtlich »A piece of shit.« Aber immerhin habe er von der Gage zwei Monate leben können. (*Playgirl,* Juli 1985)

Während der Dreharbeiten kam er erstmals in Kontakt mit der Church of Scientology. Joan Prather, eine Schauspielkollegin, soll ihm mit Scientology-Techniken über eine Erkältung hinweggeholfen haben. Travolta hatte sich schon immer für sein Seelenleben interessiert und machte damals laut eigener Aussage gerade eine Psychoanalyse. Da er fand, daß die Techniken von Scientology weniger Raum für Fehler ließen als die klassische Analyse, wechselte er damals die Fronten (*Playboy,* 12/78). Joan Prather scheint ihm seinerzeit zu einem ungewöhnlichen Erlebnis verholfen zu haben – damals habe er erstmals seinen Körper verlassen, ließ er *Playgirl* im Juli 1985 wissen.

Das muß Travolta schwer beeindruckt haben, denn seitdem gilt er als treuer Anhänger der hierzulande als gefährlich eingestuften Sekte. Dem Vernehmen nach soll er inzwischen fast auf der höchsten Ebene der internen Hierarchie angelangt sein. Jedenfalls bekennt er immer wieder öffentlich seine Zugehörigkeit und erlaubt Scientology, mit seinem Namen für die Organisation zu werben.

Seine erste größere Rolle in einem Kinofilm spielte Travolta 1976 in *Carrie,* einem Film von Brian De Palma nach dem gleichnamigen Roman von Stephen King. Der Film mit dem albernen deutschen Titel *Carrie – des Satans jüngste Tochter* lief in den Kinos nicht schlecht, doch die Kritiken waren ziemlich gemischt.

Die Titelfigur Carrie (Sissy Spacek) ist ein schüchternes, einsames Schulmädchen. Sie wird von ihrer bigotten Mutter gegängelt, die einen fanatischen Männerhaß zelebriert und sich selbst dafür verachtet, je sexuelle Lüste gehabt zu haben. In diesem Sinne erzieht sie auch ihre Tochter, die sie mit allen Mitteln von den Realitäten des Lebens fernzuhalten sucht. So wird Carrie, unaufgeklärt und schüchtern, zur Zielscheibe des Spottes ihrer Mitschülerinnen. Doch dann entdeckt sie ihre telekinetischen Fähigkeiten, läßt Spiegel zerspringen und Gegenstände durch die Luft fliegen – da wirkt Günther Grass'

Die erste größere Filmrolle: mit Nancy Allen in ›Carrie‹

Oskar Mazerath vergleichsweise wie ein stümperhafter Anfänger. Als Carrie gegen den Willen ihrer Mutter einen Schulball besucht, wird sie dort, im Moment ihres scheinbaren
Triumphes, von ihren Mitschülerinnen und deren Freunden
tief gedemütigt. Als Königin des Balls mit einem Kübel
Schweineblut übergossen, rächt sie sich in einem blutigen Finale an ihren Quälgeistern.
Travolta in der Rolle des Billy Nolan machte seine Sache nicht
schlecht, verblaßte jedoch – wie alle anderen Mitwirkenden –
neben der überragenden Sissy Spacek. Die war damals zwar
schon 27 Jahre alt, spielte aber das pubertierende Mauerblümchen absolut überzeugend. Sie wurde für ihre Darstellung
der Carrie mit dem New Yorker Kritikerpreis ausgezeichnet
und sogar für einen Oscar nominiert. Auf das begehrte Goldmännlein mußte die Spacek allerdings noch ein paar Jahre
warten: 1976 schnappte ihr Faye Dunaway den Award als beste
Darstellerin weg. Spacek erhielt ihn dann 1980 für ihre Dar-

stellung der Country-Sängerin Loretta Lynn in Michael Apteds *Coal Miner's Daughter (Nashville-Lady)*.

Carrie ist ein effektvoller Thriller, doch wie in fast allen seinen Filmen bedient sich De Palma auch hier höchst ungeniert bei Altmeister Hitchcock.

Als Serienheld zum Teenie-Idol

Als John Travolta in der Rolle des Billy Nolan in *Carrie* über die Leinwände der Kinos flimmerte, war er in den USA längst als Held der TV-Serie *Welcome Back, Kotter* zum Teenie-Idol und jugendlichen Sexsymbol geworden. Wohl nicht zuletzt deshalb findet sich sein Name auf der Besetzungsliste direkt hinter dem von Sissy Spacek – auch der Film sollte von der Popularität des Jungstars profitieren, ungeachtet der Tatsache, daß Travolta nur eine Nebenrolle spielte.

An die Rolle des Vinnie Barbarino in *Welcome Back, Kotter* war Travolta eher zufällig geraten. Er hatte in der TV-Serie *Medical Center* eine Gastrolle gespielt und war damit dem Produzenten James Komack aufgefallen, der gerade an der Besetzung für die *Kotter*-Serie arbeitete. Komack, der von Travolta, seiner Ausstrahlung und schauspielerischen Leistung offensichtlich angetan war, lud ihn zum Vorsprechen ein. Und Travolta kam, sah und siegte – oder weniger pathetisch ausgedrückt, er erhielt seinen ersten festen Serienvertrag.

Travolta wollte zwar schon zu diesem Zeitpunkt Kinofilme machen und schien seines zukünftigen Erfolges recht sicher: »Damals zeigten viele wichtige Regisseure Interesse an mir, ich hatte keine Zweifel, daß ich beim Film landen würde.« Dennoch unterschrieb er einen Fünfjahresvertrag für *Kotter*. »Es war eine tolle Rolle, und sie war wie auf mich zugeschnitten. Ich wollte diesen Job machen. Man weiß ja nie, ob eine Serie tatsächlich fünf Jahre lang läuft, und wir wußten nicht einmal, ob diese 13 Wochen überleben würde.« (*Playboy,* 12/78)

Welcome Back, Kotter wurde ab September 1975 über den amerikanischen Fernsehsender ABC ausgestrahlt. Die Serie erzählt von einer Gruppe von High-School-Kids und ihrem Lehrer, besagtem Mister Kotter. Der war einst selbst Schüler an dieser Schule in Brooklyn und kehrt nun als Lehrer dorthin zurück.

Die ersten Folgen stießen bei Kritik und Öffentlichkeit auf nicht allzuviel Gegenliebe; dafür waren die dargestellten Kids zu aufmüpfig, die Sprache zu hart. Man befürchtete wohl, das könne die eigentlich recht braven wirklichen Schüler erst auf dumme Gedanken bringen. Frühe Absetzung drohte. In Boston wurde die Ausstrahlung nach dem Pilotfilm gestoppt – unter den Jugendgangs der Stadt gärte es, und die Verantwortlichen argwöhnten, daß die Serie sich da anheizend auswirken könnte. Zensur und Verbote steigern jedoch oft die Popularität eines Produkts, und genau das geschah mit *Kotter*. Zudem signalisierten auch die Macher Kompromißbereitschaft. Man ließ sich zwar offiziell nicht unter Druck setzen, doch wurde die Serie von Folge zu Folge zahmer und weniger provokativ, die dargestellten Kids wurden sympathischer, softer, unschuldiger, einfach *netter*.

Ursprünglich hatte Gabe Kaplan, Kotter-Darsteller und geistiger Vater des Projekts, die Serie ganz auf seine Person zugeschnitten. Kotter war als zentrale Figur angelegt, die Parts der Jugendlichen waren als mehr oder weniger gleichberechtigte Nebenrollen geplant. Doch Travolta brachte das sorgsam durchdachte Konzept gründlich durcheinander. Schon bald war sein Vinnie Barbarino nicht nur im Film der Anführer der Jugendlichen, sondern auch beim Publikum die populärste Figur der Serie. Travolta als Darsteller des frechen Jungen mit dem weichen Kern wurde zum umschwärmten Idol der jungen Fernsehzuschauer zwischen Idaho und Texas. Ihn regelmäßig via Bildschirm ins Wohnzimmer zu holen, war den Kids schon bald nicht mehr genug: Poster, T-Shirts und Kaffeetassen mit Travoltas Porträt fanden ebenso reißenden Absatz wie Barbarino-Puppen. Die meisten Fans waren Jugendliche, überwiegend Mädchen zwischen 13 und 18 Jahren, aber auch die Mütter liebten ihn, wünschten sich Schwiegersöhne à la Travolta. Das wäre in der Generation der Elvis-Presley- und James-Dean-Fans schlicht undenkbar gewesen, prädestinierte Travolta aber geradezu zur Leitfigur der angepaßten Siebziger-Jahre-Kids.

Mit 700 Dollar pro Woche war Travoltas Gage im ersten Jahr recht bescheiden, auch wenn das für ihn selbst viel Geld war. Später, als die Serie zum Dauerhit wurde, gab es eine stattliche Honorarerhöhung.

Welcome Back, Kotter war für Travolta ein wichtiges Sprungbrett, eine Riesenchance, über das Fernsehen bei einem Millionenpublikum bekannt zu werden. Aber wie jeder Serienheld lief er dabei Gefahr, auf einen bestimmten Rollentypus festgelegt zu werden: einmal Barbarino, immer Barbarino. Das wußte und fürchtete auch Travolta: »Über das Fernsehen erreichst du ein Publikum, an das du sonst nicht rankommst. Aber wenn du dreimal in der Woche im Fernsehen bist, fängst du an, die Leute zu langweilen.« (*Playboy,* 12/78)

Ausbruchsversuche

Travolta aber wollte als richtiger Schauspieler anerkannt werden und versuchte immer wieder, aus dem Rollenklischee auszubrechen. Deshalb kehrte er trotz *Kotter* noch einmal auf die Bühne zurück, wo er mit seinen Schwestern Ellen und Ann als Co-Stars in dem Stück *Bus Stop* den Cowboy Bo Decker spielte. Die Tournee war ausgesprochen erfolgreich, aber für alle Beteiligten etwas gewöhnungsbedürftig: Die Teenies stürmten die Theater, um ihr Idol einmal live zu sehen, und das Stück ging größtenteils im Geschrei der Travolta-Fans unter. *Bus Stop* sollte Travoltas letztes Bühnenengagement werden, denn danach scheuten die Produzenten das Risiko, daß wildgewordene Teenager ihre respektierlichen Theater in ein Tollhaus verwandeln könnten.

Ein weiterer Versuch, dem Barbarino-Image zu entfliehen, war der Film *The Boy in the Plastic Bubble,* der 1976 für das Fernsehen produziert wurde. Travolta spielte Todd Lubitsch, einen 19jährigen Jungen, der ohne funktionierendes Immunsystem geboren ist und deshalb sein Leben in einem sterilen Plastikzelt verbringen muß. Er verliebt sich in ein Mädchen, das ihn aus Mitleid an seinem Geburtstag besucht, und unternimmt, zunächst in seinem Zelt, dann in einer Art Raumanzug, erste Schritte aus seiner Isoliertheit heraus. Doch einmal am

15 Jahre nach ›The Boy …‹: verheiratet mit Kelly Preston

Leben geschnuppert, reicht ihm der begrenzte Bewegungs-spielraum nicht mehr aus: Er verläßt das ebenso schützende wie einengende Zelt und geht zu dem Mädchen, wohl wissend, daß jede Infektion seinen Tod bedeutet.

The Boy in the Plastic Bubble ist zwar ein ziemliches Rührstück, aber voller Symbolik und ganz nach dem Geschmack des amerikanischen Fernsehpublikums. Travolta hatte mit diesem Film eines seiner vordringlichen Ziele erreicht – er hatte erfolgreich eine Rolle verkörpert, die so gar nicht seinem Image entsprach, und diese Leistung wurde auch in den Kritiken gewürdigt.

Auch privat veränderte *The Boy in the Plastic Bubble* Travoltas Leben: Bei den Dreharbeiten lernte er die Schauspielerin Diana Hyland kennen, die in dem Film seine Mutter spielte. Travolta, der bis dahin eher unverbindliche Liebesbeziehungen favorisierte, verliebte sich ernsthaft in die 18 Jahre ältere Frau – ein gefundenes Fressen für die Medien, als die Beziehung bekannt wurde.

Neuland

Wichtigstes Engagement für Travolta aber war in dieser Zeit zweifellos *Welcome Back, Kotter.* In der Serie hatte er mehrmals gesungen, unter anderem eine verballhornte Fassung des Beach-Boy-Hits *Barbara Ann,* was sich bei ihm wie Barbarino anhörte. Das klang wohl ganz ordentlich, schließlich besaß Travolta ja auch reichlich Musical-Erfahrung. Jedenfalls wurden daraufhin auch die Plattenfirmen auf das Jugend-Idol aufmerksam. Kein Wunder bei diesem vielversprechenden Markt. Und John Travolta, experimentierfreudig und daran interessiert, sich auf vielen Gebieten zu erproben, unterschrieb einen Plattenvertrag. Sein erstes Album hieß schlicht *John Travolta* und wurde in Rekordzeit aufgenommen – das merkt man ihm leider auch an. Bei der Zusammenstellung der Titel mischte man Bekanntes und Bewährtes (beispielsweise von Elvis Presley und Neil Sedaka) mit neuen Songs, die Travoltas langjähriger Freund Michael Lembeck speziell für die Platte geschrieben hatte. Und obwohl das Album etwas lieblos zusammengeschustert worden war, ging die Rechnung der Plattenfirma auf. Trotz schlechter Kritiken kauften die Kids die Scheibe mit der gleichen Euphorie, mit der sie T-Shirts, Poster und Kaffeetassen mit dem Bild ihres Idols sammelten – wohl nicht zuletzt wegen des attraktiven Cover-Fotos. Bereits nach 14 Tagen waren über 100.000 Alben verkauft, und die Single-Auskoppelung *Let Her In* kletterte in den Charts bis auf Platz fünf.

Ein Jahr später erschien das zweite Travolta-Album. *Can't Let You Go* war ähnlich erfolgreich wie das erste. Wie hier ein jugendlicher Star vermarktet wurde, das ist ebenso beeindruckend wie erschreckend. Für John Travolta allerdings sollte es nur ein zarter Vorgeschmack auf kommende Zeiten sein. Jetzt, wo er als Serienheld in ganz Amerika bekannt war, war Travolta auch für die Produzenten von Kinofilmen interessant geworden. Aber er mußte sich dem Drehplan für *Kotter* unterordnen. Aus dem Vertrag auszusteigen wäre extrem schwierig, wenn nicht gar unmöglich gewesen. So mußte er einige interessante Angebote ablehnen. In Terry Malicks *Days of Heaven (In der Glut des Südens)* hätte er auf Wunsch des produzierenden Studios die Hauptrolle übernehmen sollen, doch das ließ sich mit dem Kotter-Drehplan nicht vereinbaren. Die Travolta zugedachte Rolle erhielt Richard Gere – es sollte nicht das letzte Mal sein, daß er von einer Absage Travoltas profitierte. Glück für Gere, für Travolta mehr als eine verpaßte Chance: *Days of Heaven* gilt bei vielen Kritikern als Meisterwerk des amerikanischen Films in den siebziger Jahren, auch wenn der kommerzielle Erfolg eher bescheiden war.

Erst als *Saturday Night Fever* abgedreht war, gelang es Travolta, mit den Produzenten von *Welcome Back, Kotter* einen Kompromiß auszuhandeln. 1978 wurde die Anzahl der Episoden mit seiner Beteiligung auf acht, 1979 auf vier reduziert.

Durchbruch als Discokönig

Saturday Night Fever macht John Travolta zum Superstar

Unterm Strich hat Travolta *Welcome Back, Kotter* weit mehr zu danken, als ihm durch die Serienverpflichtungen an Chancen entgangen ist. Denn letzten Endes war es seine Popularität als Vinnie Barbarino, die John Travolta die Hauptrolle in *Saturday Night Fever* verschaffte und ihn dadurch in Hollywoods Sternenhimmel katapultierte.

Allan Carr, der Partner des Hollywood-Produzenten Robert Stigwood, hatte Travolta in der TV-Serie gesehen und schlug ihn als Hauptdarsteller und Zugnummer für die Verfilmung des Musicals *Grease* vor. Stigwood war einverstanden, denn auch für ihn war der Star der *Kotter*-Serie kein Unbekannter. Stigwood habe ihn, den damals 17jährigen, bereits für *Jesus Christ Superstar* vorsprechen lassen und schon immer viel von ihm gehalten, erzählte Travolta 1978 dem *Playboy*.

Stigwood war seinerzeit im internationalen Show- und Filmbusineß eine große Nummer. Der gebürtige Australier hatte bereits *Jesus Christ Superstar* von Andrew Lloyd Webber und auch Pete Townshends (The Who) Rockoper *Tommy* auf die Leinwand gebracht. Auch in der Musikbranche mischte er mit – viele internationale Pop-Größen, darunter Eric Clapton, die Bee Gees und Cream, haben ihre erfolgreichen Karrieren nicht zuletzt Stigwoods geschicktem Management zu verdanken. Stigwood galt außerdem als Pionier multimedialer Vermarktung seiner Projekte und Künstler – ein Talent, das er in Zusammenhang mit seinen beiden ersten Travolta-Filmen höchst gewinnbringend zu nutzen wußte.

Eben dieser Robert Stigwood also bot John Travolta 1976 einen Vertrag über drei Filme und eine Gage von einer Million Dollar plus Gewinnbeteiligung an, und Travolta unterschrieb. Als erster der drei vertraglich vereinbarten Filme sollte *Saturday Night Fever* realisiert werden. Denn die Filmrechte an *Grease,* auf die Stigwood eine Option hatte, wurden erst 1978 frei. Das Musical war seit Jahren ein Dauerbrenner am Broadway, und die Produzenten dort versuchten naturgemäß, die Verfilmung so lange wie möglich hinauszuschieben, um sich unliebsame Konkurrenz vom Hals zu halten. Stigwood aber konnte und wollte mit dem ersten Travolta-Projekt nicht warten. Eher zufällig stieß er auf einen interessanten Stoff, der anders als die nostalgisch angehauchte *Grease*-Story ganz dem Zeitgeist der siebziger Jahre entsprach. Daraus entstand das Drehbuch zu *Saturday Night Fever.*

Desillusionierte Jugend

Den Stoff lieferte eine Reportage mit dem Titel *Tribal Rites of the New Saturday Night,* die im Juni 1976 im *New York Magazine* erschienen war. Der Autor, Nick Cohn, hatte darin die Lebensbedingungen und das Freizeitverhalten von Jugendlichen in Brooklyn unter die Lupe genommen. Cohns Reportage zeichnete das Bild einer desillusionierten, wenig risikobereiten Generation. Für die Jugend im wirtschaftlich gebeutelten Amerika der Carter-Ära zählten wieder Werte wie Fleiß, Anpassung und Streben nach sozialem Aufstieg – nicht Solidarität und Aufbegehren. Was sich an Druck und Frust im Alltag aufstaute, wurde in gesellschaftlich sanktionierten Freiräumen aufgefangen – beispielsweise in Diskotheken.

Stigwood – der Mann mit dem untrüglichen Gespür für erfolgversprechende Vorlagen – hatte sich die Filmrechte an Cohns Report gesichert, bevor sie ihm ein anderer wegschnappen konnte. Freilich hatte er nicht vor, einen sozialkritischen Film zu drehen. Die Milieustudie diente in *Saturday Night Fever* in erster Linie als Kulisse für einen unterhaltsamen Tanz- und Musikfilm inklusive der obligatorischen Love-Story. Das Drehbuch schrieb Norman Wexler, der den Tony Manero, Travoltas Rolle, sehr vage hielt und diesem damit großen Freiraum für die eigene Interpretation ließ.

Als Regisseur war zunächst John Avildsen verpflichtet worden, doch er wurde eine Woche vor Drehbeginn von Stigwood gefeuert und durch John Badham ersetzt. Man habe unterschiedliche Vorstellungen von dem Filmprojekt gehabt, kommentierte Stigwood lapidar die überraschende Trennung.

Diese Pose machte ihn berühmt: in ›Saturday Night Fever‹

Travolta, hochmotiviert und brennend vor Ehrgeiz, bereitete sich gründlich auf seinen Part vor. Tony Manero, Travoltas Film-Ich, war ein ähnlicher Typ wie Vinnie Barbarino, aber auch und vor allem ein hervorragender Tänzer. Was ihm *Saturday Night Fever* auf diesem Gebiet abverlangte, konnte auch

ein Tänzer wie Travolta nicht einfach so aus dem Ärmel schüt-
teln. Also trainierte er fünf Monate lang drei Stunden täglich
in einem Tanzstudio, anschließend zog er durch die Diskotheken und probierte das Gelernte aus – seine Tanzszenen sollte
schließlich niemand doublen müssen.

Doch nicht nur Tanz- und Konditionstraining standen auf dem
inoffiziellen Probenplan. Travolta beobachtete in den Discos
die Jugendlichen, studierte Körpersprache und Balzrituale der
coolen jungen Männer – wie sie an der Bar lehnten, Mädchen
anbaggerten oder angelegentlich mit ihren Ringen spielten. Er
lernte sich kameragerecht zu prügeln und übte als überzeugter
Nichtraucher den lässigen Umgang mit dem Glimmstengel.
Ganz nebenbei sorgte er mit klassischem italienischem Clan-
Denken dafür, daß seine Mutter und eine seiner Schwestern in
seinem großen Filmdebüt mitspielen durften. Mutter Helen
mimte eine Kundin in dem Farbengeschäft, in dem Travolta
alias Tony Manero arbeitet, Schwester Ann spielte die Bedie-
nung in einer Pizzeria.

Ein Abschied

In dieser beruflich euphorischen Zeit wurde Travolta durch
einen schmerzlichen privaten Verlust jäh auf den Boden der
Realität zurückgeholt. Seit *The Boy in the Plastic Bubble* war
er mit Diana Hyland liiert; laut der Travolta-Biographie von
Michael Reeves lebte er in Kalifornien mit ihr und ihrem drei-
jährigen Sohn zusammen. Diana Hyland litt damals bereits seit
längerer Zeit an Krebs, und natürlich wußte Travolta von ihrer
Krankheit. Doch hatten beide wohl nicht damit gerechnet, daß
es so schnell zu Ende gehen würde. Als sich ihr Gesundheits-
zustand rapide verschlechterte, unterbrach Travolta kurzfristig
die Dreharbeiten und flog zu seiner Freundin. Einen Tag nach
seiner Ankunft starb Diana Hyland in Travoltas Armen.

Damals sagte Travolta, trotz des großen Altersunterschieds
hätte er sich mit dieser Frau eine gemeinsame Zukunft, eine
Ehe und Kinder vorstellen können. Später, mit ein paar Jahren
Abstand, sah er deutlicher, was ihn an dieser Beziehung fasziniert hatte; er erlebte sie als Spiegel seiner eigenen Bindungs-

wünsche und -ängste: Eigentlich wünsche er sich eine feste, verbindliche Beziehung, andererseits aber sei er offener und könne seine Gefühle besser zeigen, wenn eine Beziehung keine Perspektive habe, vertraute er im August 1983 dem *Rolling Stone* an. Wenn sich aber etwas Ernsthaftes entwickeln könne, bekäme er Angst. In bezug auf Diana Hyland habe er ähnlich empfunden, der Altersunterschied von 18 Jahren sei auch so etwas wie eine unüberwindliche Barriere gewesen. »Ich war unglaublich verrückt nach der Frau, und der Altersunterschied machte das ganze für mich nur noch prickelnder, weil er gesellschaftlich als unpassend galt.« Seine Absicht, Diana zu heiraten, sei durchaus ernst gemeint gewesen. Aber »wer weiß, wo das hingeführt hätte, insbesondere weil sie älter und krank war. Ich fühlte, ich wollte sie heiraten, aber wie gesagt, es gab diese objektiven Hindernisse.« (*Rolling Stone,* August 1983) Bindungsangst wie aus dem Psychologielehrbuch – ein Problem, an dem Travolta bis Ende 30 herumzuknabbern haben sollte.

Doch zurück in das Jahr 1977. Regenbogen-Presse und Fan-Magazine hatten Travoltas Liebesbeziehung mit Diana Hyland von Anfang an mit Wonne ausgeschlachtet – lieferte doch der Saubermann Travolta, in dessen Privatleben man gewöhnlich vergeblich nach Skandalen stocherte, damit wenigstens einmal Stoff für interessanten Tratsch. Das tragische Ende dieser Liebe machte die Geschichte nun endgültig zu einer sentimentalen Love-Story. Da konnte das aufstrebende Schauspieltalent kaum mit einfühlsamer Zurückhaltung seitens der Presse rechnen. Travolta, der bis dahin in Interviews offen und kooperativ gewesen war, stand den Medien nach dieser Erfahrung mißtrauischer gegenüber und war darauf bedacht, sein Privatleben möglichst bedeckt zu halten. Insbesondere Fragen nach Diana Hyland und ihrem Tod beantwortete er in den kommenden Jahren ausweichend oder wenn irgend möglich gar nicht.

Verbissen stürzte er sich nach dem Tod der Freundin in seine Arbeit, und in den folgenden zehn Wochen wurden die Dreharbeiten zu *Saturday Night Fever* beendet. Große Professionalität habe Travolta in dieser Zeit an den Tag gelegt, bescheinigte ihm Regisseur Badham anerkennend.

In dieser Phase der Trauer scheinen sich Travoltas Bindungen an die Scientologen gefestigt zu haben – zunächst suchte er deren Hilfe zur Verarbeitung des Verlusts, doch schon bald sollte er sie brauchen, um mit dem plötzlichen Ruhm und dem darauf folgenden tiefen Fall fertig zu werden.

Trüber Alltag – glanzvoller Samstag

Mit wiegenden Hüften, mal die Auslage, mal sich selbst im Vorbeigehen im Spiegelbild der Schaufenster bewundernd, stolziert Tony Manero (John Travolta) selbstbewußt und lässig durch die Straßen von Brooklyn. Dazu erklingt *Stayin' Alive* von und mit den Bee Gees – das ist die Anfangssequenz von *Saturday Night Fever (Nur Samstag nacht)*. Alles an diesem Auftritt, das Siegerlächeln und die Körpersprache, oder wie dieser stutzerhafte Geck abschätzend entgegenkommende Mädchen mustert, ist einen Tick übertrieben – gerade genug, um keinen Anspruch auf Ernsthaftigkeit zu erheben, doch nicht genug, um Tony Manero der Lächerlichkeit preiszugeben. Damit steht diese Szene stellvertretend für den ganzen Film: Auf diesem schmalen Grat versuchen *Saturday Night Fever* und mit ihm John Travolta über die gesamten 120 Minuten das Gleichgewicht zu halten – wobei beide, das ist nicht zu leugnen, gelegentlich zur einen oder anderen Seite hin abzustürzen drohen.

Tony Manero und seine Freunde sind die fragwürdigen Helden von *Saturday Night Fever*. Vor ihrem perspektivelosen Alltag und ihren kleinbürgerlich-spießigen Familien flüchten sie in den Halt der Gruppe, wo infantile Mutproben, Erfolg bei den Mädchen und auf der Tanzfläche der Disco die Hierarchie bestimmen. Unbestrittener Führer der Gruppe ist Tony. Zu Hause hingegen ist er das schwarze Schaf der Familie, bettelt vergebens um die Anerkennung des Vaters und die Zuneigung der Mutter. Der Vater ist arbeitslos und läßt Frust und Enttäuschung an seiner Familie aus. Die frömmlerische Mutter hängt mit abgöttischer Liebe und Verehrung an Tonys Bruder Frank (Martin Shakar), der ein Priesterseminar besucht, doch damit mehr die Träume seiner Mutter als die eigenen verwirklicht.

Als Frank das erkennt und aus der Ausbildung aussteigt, bricht für die Eltern eine Welt zusammen. Tony allerdings empfindet diesen Entschluß als Balsam für sein angeschlagenes Ego: »Wenn du nicht mehr so gut bist, bin ich auch nicht mehr so schlecht«, erklärt er dem Bruder mit unwiderlegbarer Logik.

Auch seine Arbeit in einem Farbengeschäft ist für Tony nicht unbedingt ein sprudelnder Quell neuen Selbstbewußtseins. Er kommt zwar mit seinem Chef ganz gut klar und ist bei den Kunden beliebt, verdient aber nicht viel und hat kaum Aufstiegschancen. Doch noch interessiert ihn wenig, was morgen sein wird. »Ich scheiß auf die Zukunft, heute nacht ist meine Zukunft«, sagt er in einer der ersten Szenen großspurig zu seinem Chef.

Bestätigung und Erfolg sucht Tony außerhalb von Familie und Job. Er zieht mit seiner Clique durch Brooklyn, sie prügeln sich mit anderen Gangs und suchen den Kontakt zu Mädchen, die seelen- und gefühllos gebumst und dann fallengelassen werden. Und Samstag abend kommt Tonys große Stunde, dann verwandelt sich der 19jährige Verkaufsgehilfe wie der Frosch im Märchen in einen strahlenden Prinzen. Er streift den Arbeitskittel ab, stylt und fönt sich hingebungsvoll vor dem Spiegel. Mit dem hautengen Hemd, dem weißen Polyesteranzug und den hohen Schuhen scheint er auch in eine andere Identität zu schlüpfen. So aufgeputzt enteilt er mit seiner Clique in die Disco *2001-Odyssee.* (Gedreht wurde übrigens im echten *2001-Odyssee,* einer Diskothek in Brooklyn, die auch in Cohns Reportage eine zentrale Rolle spielte.) Daß die Gruppe dort ausgerechnet zu den Klängen einer verpoppten Fassung von Beethovens Fünfter Sinfonie – der Schicksalssinfonie – einläuft, gehört allerdings eindeutig zu den geschmacklichen Ausrutschern des Films. So viel Melodrama muß nun wirklich nicht sein, auch wenn hier auf dem Tanzparkett Tonys eigentliches Leben abläuft, wo er, der Loser, zum König der Glitzerwelt wird.

Was diesen Teil der Story angeht, weiß der Film dennoch über weite Strecken zu überzeugen. Die Perspektivelosigkeit der Jugendlichen, ihr Macho-Gehabe und die Angst vor den eigenen Gefühlen, die sich in ihrem rüden, frauenverachtenden

Die Helden der Disco

Sexualjargon ausdrückt, vermitteln einiges an Authentizität. Auch die kollektive Flucht in die synthetische Scheinwelt der Disco, die narzißtische Selbstbespiegelung der Tanzenden sind perfekt eingefangen.

Glänzend in diesen Passagen auch John Travolta, sein lustvoller, geschmeidiger Tanz voll androgyner Sexualität, dem er bei aller Selbstinszenierung immer einen Schuß ironischer Distanz beimischt. Außerdem zeigte er schon in diesem Film seine besondere Fähigkeit, auf der Leinwand auch unangenehme Charaktere zu Sympathieträgern zu machen. »Tony Manero war negativer, rüder und skrupelloser als alle Rollen, die mir je in einem Drehbuch begegnet waren«, erinnerte sich John Badham Jahre später in der *Los Angeles Times* (9.10.1994). »Ein unsympathischer Schauspieler hätte aus ihm einen total ekelhaften Typen gemacht. John verkörperte ihn glaubwürdig und erreichte damit, daß die Zuschauer mit ihm mitfühlten.«

Der Platzhirsch und das Mädchen

Als Tanz- und Unterhaltungsfilm vor dem Hintergrund einer richtig erkannten, wenngleich nur oberflächlich problematisierten gesellschaftlichen Realität ist *Saturday Night Fever* durchaus sehenswert. Der Film will aber, man ist versucht zu sagen leider, auch eine Botschaft vermitteln: Brooklyn und die Disco, das sind für einen ehrgeizigen jungen Amerikaner nur Übergangsstationen auf dem Weg in ein besseres Leben, und das wartet auf der anderen Seite der Verrazano-Brücke in Manhattan. Dieser Message ist die gesamte weitere Handlung des Films einschließlich der wenig originellen, doch ständig wiederkehrenden Brückensymbolik verpflichtet.

Tony Manero, der Frauenheld und -verächter, lernt in der Disco Stephanie (Karen Lynn Gorney) kennen. Die ist erstens ein anständiges Mädchen, also weder sexuell interessiert noch zu haben, und hat zweitens den Sprung nach Manhattan – auf die andere Seite der Brücke – bereits geschafft. Je entschiedener sie Tonys Annäherungsversuche zurückweist, um so mehr himmelt er sie an. Gegenüber seinen Freunden schwärmt Tony von Stephanie übrigens ausgerechnet mit jenem Adjektiv, das knapp 20 Jahre später John Travoltas Markenzeichen werden sollte: »Sie ist cool, man, unheimlich cool!«

Immerhin läßt sich Stephanie darauf ein, mit Tony an einem Tanzwettbewerb teilzunehmen. Die beiden üben fleißig miteinander und gewinnen dann auch prompt das Turnier. Doch Tony ist mit dem Urteil der Jury nicht einverstanden. Seiner Ansicht nach war ein anderes Paar besser. Nur weil die beiden als Puertoricaner in dem von Italienern dominierten Viertel nicht hätten gewinnen dürfen, hätten Stephanie und er Pokal und Preisgeld erhalten. So gibt er beides großzügig an die Unterlegenen weiter.

Da Stephanie hingebungsvoll erotisch mit ihm getanzt hat, geht Tony jetzt aufs Ganze und versucht sie zu verführen. Doch sie verpaßt seinem Selbstbewußtsein eine herbe Dusche, und man trennt sich im Streit. Daraufhin zieht Tony wieder mit seinen Freunden los. Bei einer tollkühnen Mutprobe auf der Verrazano-Brücke kommt Bobby, der Underdog der Gruppe, ums Leben. Ihn, der weder ein guter Tänzer noch ein erfolgreicher Aufreißer gewesen war, hatten die anderen oft wegen seiner Feigheit verspottet. Jetzt scheint Tony die Perspektivelosigkeit seines Treibens endgültig bewußt zu werden. Er trennt sich von seinen Freunden, irrt durch die Nacht und findet schließlich zu Stephanie nach Manhattan. Er hat beschlossen, es ihr gleichzutun, will sich dort Job und Wohnung suchen und Brooklyn für immer verlassen. Und er will versuchen, ihr Freund zu sein, ohne sexuelle Ambitionen.

Tony Manero hat seine Lektion und die Botschaft des Films begriffen. Er verläßt Freunde und Familie, um besser zu leben, was immer das auch konkret bedeuten mag. Denn wie schon sein Chef aus dem Farbenladen zu sagen pflegte: »Auf die Zukunft kann man nun mal nicht scheißen, mein Junge, sonst scheißt sie irgendwann auf dich.«

Kultivierter Zitronentee und andere Klischees

Die uramerikanische Vorstellung vom einzelnen als seines Glückes Schmied, vom Aufstieg aus eigener Kraft und dank moralischer Einsicht ist ein ständig wiederkehrendes Thema der Traumfabrik Hollywood, gerade Ende der siebziger Jahre. Fest verankert war seinerzeit auch das überkommene Frauenbild, die säuberliche Trennung des Weiblichen in gut und schlecht oder besser: Madonna und Hure. »Was den Film anbetraf, so betrachteten wir in den Siebzigern die Beziehungen der Geschlechter mit den Augen der fünfziger Jahre«, bestätigt auch James Monaco in *American Film Now*. Daß diese Klischees und Rollenbilder in *Saturday Night Fever* einmal mehr aufgewärmt werden, paßt also ebenso zum Zeitgeist der Siebziger wie ins Bild des Films, der auch inhaltlich ziemlich ungeniert Anleihen bei diversen Fünfziger-Jahre-Produktionen macht – beispielsweise bei *West Side Story* oder *Denn sie wissen nicht, was sie tun.*

Wichtiger allerdings als das problemgeladene soziokulturelle Umfeld oder die politisch-moralische Botschaft ist *Saturday Night Fever* der Anspruch, zu unterhalten, die Zuschauer mit fetziger Musik und mitreißenden Tanzszenen zu ver- und zu entführen. Dementsprechend bleibt die Auseinandersetzung mit diesen Themen zwangsläufig oberflächlich.

Während *Saturday Night Fever* zumindest ansatzweise bemüht ist, die Männer bzw. Jungen mehrdimensional und in ihrer Widersprüchlichkeit zu zeigen, sind die Frauen- bzw. Mädchenrollen doch ein wenig zu simpel gestrickt. Das gilt auch für die coole Stephanie, die sich bei näherer Betrachtung als ziemlich oberflächliche Gans erweist. Tonys Perspektivelosigkeit hat sie inhaltlich nichts entgegenzusetzen als das verbissene Streben nach sozialem Aufstieg, symbolisiert von einem Apartment in einer besseren Gegend, Besuchen in Nobelrestaurants und ihrem Job als Assistentin in einer Public-Relations-Agentur, wo sie gelegentlich einer prominenten Persönlichkeit Kaffee kochen darf. Wenn Stephanie geziert erklärt, Tee mit Zitrone sei kultiviert, wirkt der ungehobelte, wenig ehrgeizige Tony mit seiner pragmatischen Lebenseinstellung demgegenüber richtig sympathisch. Lustig wird's, wenn Tony und Stephanie voll aneinander vorbeireden: Laurence Olivier sei kürzlich bei ihr im Büro gewesen, protzt Stephanie, den müsse Tony doch kennen. Schließlich sei der dauernd im Fernsehen, er mache die Polaroid-Werbung. Das einzige, was Tony daran interessiert, ist die Frage, ob sie dann nicht billiger an eine Kamera käme.

Brüderlicher Erfolg

Entscheidenden Anteil am Erfolg von *Saturday Night Fever* hatte die Musik. Das schätzte auch Travolta so ein: 50 Prozent des Filmerfolgs gestand er bereitwillig den Bee Gees zu, die zwar nicht alle, aber die wichtigsten Lieder des Films komponiert und teilweise auch interpretiert hatten.

Die Brüder Barry, Robin und Maurice Gibb, unter dem Bandnamen Bee Gees bekannt und berühmt geworden, krönten mit *Stayin' Alive,* dem Doppelalbum zum Film, und den Single-Auskopplungen ihr 1975 eingeleitetes Comeback. 1967 hatten sie mit *New York Mining Disaster 1941* ihren ersten Hit gelandet, dem sie in den folgenden Jahren zahlreiche andere nachschoben. Die bekanntesten Titel aus dieser Zeit sind: *Massa-*

chusetts, I've Gotta Get a Message to You und *How Can You Mend a Broken Heart.* 1971 zerstritten sich die Brüder, die Gruppe fiel auseinander. Erst 1975 meldeten sich die Bee Gees mit *Main Course,* ihrem ersten Album mit Disco-Musik, wieder zurück. 1976 erschienen unter anderem *You Should Be Dancing* und *Too Much Heaven Above.*

Dann kam von Stigwood der Auftrag für den Soundtrack von *Saturday Night Fever* und damit das Doppelalbum, das die Bee Gees wieder einmal ganz nach oben in die Charts katapultierte: Vier Wochen lang belegten sie 1978 in den amerikanischen Charts mit *Stayin' Alive* Platz eins, *Night Fever* hielt sich gar acht Wochen an der Spitze und wurde damit in den USA zum Hit des Jahres. *If I Can't Have You,* ebenfalls aus *Saturday Night Fever,* von den Bee Gees komponiert, von Yvonne Elliman gesungen, lag immerhin eine Woche auf Platz eins. In der ersten Aprilwoche 1978 stammten fünf Hits unter den amerikanischen Top ten aus der Feder der Bee Gees – ein Rekordergebnis, das zuvor nur von den Beatles erreicht worden war. Auch in England war *Night Fever* zwei Wochen lang die Nummer eins. Neben den Bee Gees waren neun weitere Gruppen bzw. Interpreten auf dem Album vertreten, darunter Kool and the Gang, K. C. and the Sunshine Band und Ralph Mac-Donald.

Ganz im Sinne der totalen Vermarktungsstrategien der Robert Stigwood Organization wurde das Doppelalbum in allen Ländern jeweils schon Monate vor der Kinopremiere auf den Markt gebracht. Bis dann der Film in die Kinos kam, hatte die Filmmusik längst die Charts erobert, pfiffen schon die Spatzen die eingängigen Melodien von den Dächern. So machte die Musik im Vorfeld für den Film Werbung, und das Filmpublikum strömte nach dem Kino in die Diskotheken. Dort wiederum lief die Musik aus *Saturday Night Fever* und warb somit neue Kunden für Schallplattengeschäfte und Kinos. Unterstützt von Funk und Fernsehen, bildeten Diskotheken, Film und Musik einen geschlossenen Kreislauf.

Doch nicht nur Film- und Musikindustrie forderten ihr Stück vom großen Disco-Kuchen. Trittbrettfahrer aus den unterschiedlichsten Branchen waren redlich bemüht, via Disco-

Welle wenigstens ein paar Mark aus den Portemonnaies der Kids abzuzocken: Die absurdesten Produkte, von Mundwasser und Haarpflegemittel bis hin zu Mofas und Eiscreme, wurden unter Hinweis auf ihrer besondere Affinität zur Disco-Szene vertrieben. Daß Modebranche und Friseurhandwerk zu den großen Gewinnern des Travolta-Booms gehörten, versteht sich da schon fast von selbst: Weiße Anzüge, hautenge Satinhemden und der korrekte, mühselig zurechtzufönende Haarschnitt hatten Hochkonjunktur und lösten den uniformen Schlabberlook von Jeans, Parka und rebellisch wehenden Mähnen ab.

Tanzfieber

Saturday Night Fever wurde finanziell ein Riesenerfolg. Der Film, der nur drei Millionen Dollar gekostet hatte, spielte weltweit über 350 Millionen Dollar ein. Und *Saturday Night Fever* wurde, wie zehn Jahre später *Dirty Dancing,* zum Kultfilm der tanzbegeisterten Jugend.

Der Film und mit ihm John Travolta haben die Disco-Welle nicht ausgelöst, aber geprägt und verändert. Zum einen gab *Saturday Night Fever* der Bewegung mit John Travolta als Identifikationsfigur ein Gesicht, ein Idol für die verehrungswütigen Kids. Entscheidender noch aber war, wie Travolta mit *Saturday Night Fever* den Tanzstil in den Diskotheken beeinflußte. War die Disco-Welle bei den deutschen Tanzschulen zunächst auf wenig Gegenliebe gestoßen, weil auf der Tanzfläche jeder so rumhampelte, wie er oder sie sich gerade fühlte und dazu keine Tanzstunden brauchte, so gab Travolta dem Disco-Tanzen durch sein Vorbild Regeln und, wenn man so will, Anspruch. Wer sich bewegen wollte wie er, der mußte das unter professioneller Anleitung lernen. Also strömten die Jugendlichen wieder in die Tanzschulen, um sich für den Konkurrenzkampf in der Disco fit machen zu lassen.

Ein Tanzlehrer erinnert sich: Nächtelang habe man das Video mit den Tanznummern immer und immer wieder angeschaut, habe vor dem Spiegel die Schritte zunächst einmal selbst eingeübt, um sie am nächsten Tag lehren zu können. Dabei gab es, was das Interesse der Tanzschüler angeht, eine gewisse

Zweiteilung. Die Jugendlichen, die Altersgruppe also, aus der sich die eingefleischten Travolta-Fans rekrutierten, fuhren vor allem auf die Paartanz- und Solonummern aus dem Film ab. Ihnen ging es allein darum, das Idol bzw. seine Partnerin tänzerisch möglichst exakt zu kopieren. Doch auch dem Line-Dance, der seit dem Ende der Hully-Gully-Mode und der Madison-Ära in den späten fünfziger und frühen sechziger Jahren im tiefen Dornröschenschlaf ruhte, verschaffte *Saturday Night Fever* ein ungeahntes Comeback. Und hier zogen durchaus auch die älteren Jahrgänge mit. In nahezu jeder Disco und oft auch auf Parties konnte man beobachten, wie sich Dutzende von Tänzern völlig synchron zur Originalmusik aus dem Film bewegten. Interesse und Resonanz waren seinerzeit so überwältigend, daß selbst das *Aktuelle Sportstudio,* dem unter der Leitung von Hans Joachim Friedrichs der Blick

Idol in Siegerpose: ›Saturday Night Fever‹

für internationale Trends geschärft worden war, eine Gruppe von Tanzschülern einlud, um den Film und den neuen Tanz vorzustellen.

Analytiker der Disco-Kultur sahen in der schrittgetreuen Kopie der Film-Tanzszenen allerdings eher eine Verarmung als eine Bereicherung des Geschehens auf dem Parkett: »Die mit dem Discotanz ursprünglich verbundene Idee zwanglos freier Bewegung wurde nach 1978 buchstäblich in ihr Gegenteil verkehrt. Mittlerweile gibt es wohl kaum ein unfreieres und stärker reglementiertes Feld sportlicher Freizeitbetätigung als das des Discotanzes«, schrieb Werner Mezger 1980 in *Discokultur.*

Überhaupt wurden die Disco-Bewegung, ihre Auslöser und Folgen hierzulande mit typisch deutscher Kopflastigkeit gründlichst analysiert. Auch als die Welle längst abgeebbt war, suchten Wissenschaftler in Seminaren, Büchern und Umfragen immer noch zu ergründen, was die Funktion der Diskotheken in der Jugendkultur gewesen war, welche Werte und Rollenbilder das Phänomen geschaffen bzw. transportiert und wie der Medien- und Produzentenverbund aus Film und Presse, Musikindustrie usw. funktioniert hatte.

Zwischen Dean und Astaire

Die Medien reagierten auf *Saturday Night Fever* und Travoltas Darbietung je nach Anspruch und Zielgruppe höchst unterschiedlich: Von euphorischer Begeisterung über fassungsloses Unverständnis bis hin zum gnadenlosen Verriß hatte das Presse-Echo auf den Film und seinen Hauptdarsteller so ziemlich alles zu bieten. Hier einige Stimmen aus Amerika: »*Saturday Night Fever* beginnt langweilig zu werden, wenn sich der Film nach 60 Minuten voll zündender Musikszenen entschließt, eine Geschichte zu erzählen; die Wirkung ist absolut ernüchternd, es ist fast so, als ob der nächste Montag schon da ist und man wieder zur Arbeit muß. ... Mr. Travolta ist gewandt und kraftvoll und läßt sich nie auf das Niveau seiner Rolle herab.« (Janet Maslin, *New York Times,* 16.12.1977)
Aber auch die Filmkritiker der *New York Times* konnten sich

offensichtlich nicht auf ein gemeinsames Urteil einigen. Vincent Canby jedenfalls schien sich nicht gelangweilt zu haben: »Es fällt nicht schwer, *Saturday Night Fever* bis zum Ende anzuschauen, und sei es nur wegen der Musik der Bee Gees und wegen John Travolta, der hervorragend ist. Selbst in den melodramatischen Wendungen nimmt der Film sich nicht allzu ernst, und einige der Familienszenen sind erstklassig, direkt aus dem Leben gegriffen.« (12.2.1978)

Der *Motion Picture Guide* bewertete *Saturday Night Fever* mit dreieinhalb von fünf Sternen, womit er den Film zwischen *gut* und *hervorragend* einstufte, und jubelte: »Travolta elektrisierte das Publikum mit seinem Charisma, eine Fähigkeit, die man von ihm jetzt in jedem weiteren Film erwarten wird. Der ganze Film ist energiegeladen, in jeder Szene von pulsierendem Beat unterlegt und eine gelungene Schilderung der städtischen Jugend der siebziger Jahre.«

Auch hierzulande hielten sich begeisterte Zustimmung und kritische, gelegentlich auch ironisch-satirische Verrisse die Waage. »John Travolta, der Hauptdarsteller des Films, wird von der amerikanischen Kinobranche als die große Neuentdeckung gefeiert. Die Vergleiche reichen dabei von Valentino über James Dean bis zu Fred Astaire. Doch sollte man ihn nicht unbedingt in eine dieser Schablonen zu pressen versuchen. John Travolta sieht gut aus, und er ist ein fabelhafter Tänzer. Und darauf kommt es in diesem Film an«, lobte beispielsweise das *Hamburger Abendblatt* (14.4.1978).

Blätter wie *Die Zeit, Der Spiegel, FAZ* oder *Stern* blieben in ihren Besprechungen nicht bei dem vordergründigen Unterhaltungsanspruch von *Saturday Night Fever* stehen und kamen damit zwangsläufig zu differenzierteren Beurteilungen: »Nichts wird vertieft, vieles nur eben angedeutet. Tonys italienisch-katholisches Elternhaus und der Bruder, der sein Priesteramt aufgibt, die ethnischen Kämpfe der Italiener, Schwarzen und Puertoricaner in Brooklyn, die Beziehungen innerhalb der Gang und gegen andere fest organisierte Banden, ihr brutales, verächtliches Verhalten den Mädchen gegenüber und ihr *Machochauvinismus* (Badham), ihre harten, ziemlich freudlosen Lebensbedingungen, Tonys Läuterungen am Ende, alles bleibt urbane Exotik und schielt ein bißchen nach Hubert Selbys Bestseller *Last Exit to Brooklyn.*« (Wolf Donner, *Die Zeit,* 14.4.1978). Ähnlich war auch der Tenor der Besprechungen im Filmdienst und im *Lexikon des internationalen Films.*

Gelegentlich richtete sich die Kritik zwar vordergündig gegen Travolta und *Saturday Night Fever,* schien aber eigentlich die Jugend der siebziger Jahre zu meinen – da wurde dann so etwas wie nostalgischer Frust der Rezensenten spürbar, die das Ende der sechziger Jahre, den Abschied von Rebellion und Aufbruchstimmung offensichtlich nicht verschmerzen konnten: »Travolta (ist) ein Idol der derzeitigen Teens-Generation. In jeder Tanzstunde, in der diese Generation – wieder die Säle überfüllend, geschniegelt und gebügelt mit Schlips oder Seidentuch, selbst den Jeans-Look opfernd – mit hochgebürstetem Haar, etwas stutzerhaft und eher brav, aber doch mit dem lustvollen Gestus des Jungseins auftritt, ist dieses Idol gegenwärtig. Er simuliert die kühle Gebrochenheit eines James Dean, die furiose Rock-Vehemenz Elvis Presleys, er präsentiert sich im Lederdreß der Rocker *(in Grease),* als gehöre er noch zur Motorrad-Gang Marlon Brandos. Aber immer sind das nur Erinnerungsbilder; er benutzt alte Zeichen, und sein neues ist der gut geschneiderte, saloppe Maßanzug. Wo Brando und Dean noch eine aufsässige, provokante Kraft hatten, immer bereit, sich zu schlagen und durchzuschlagen, zu reizen, um sich darzustellen, im Protest zu gewinnen – bei Travolta ist davon nichts mehr da. Seine Bewegungen sind im Grunde leise, weich, rund und geschmeidig. Es ist der zum stampfenden, gleichmäßigen Maschinenrhythmus vereinfachte Rock; Disco ist der Tanz, bei dem man auf der Stelle tritt: eine Figur, die alle Zurücknahmen des großen Ausfallversuchs der Beat- und Rockgeneration enthält.« (Auszug aus *Tempeltänzer der jungen Generation* von Günther Rühle, *FAZ,* 20.1.1979).

Daß das Phänomen Travolta nur als Ausdruck des Zeitgeistes faßbar war, verdeutlichte Alfred Nemeczek im *Stern* (21.9.1978) mit leiser Wehmut: »Wer nun auf den naheliegenden Gedanken käme, dieser vielbewunderte Akkordmime (Travolta) sei doch etwas fad und könnte gut einen Schuß

Brando vertragen, der muß sich fragen lassen, in welcher Zeit er lebt. Der Traum von der großen Veränderung ist erst mal aus, und die Jugend hat es – leider? – allzugut begriffen. Das Kino lebt heutzutage von Nostalgie, Remakes, Fortsetzungsschinken, Wurzelsuche, Spurensicherung – kurz, von den Blütenträumen der Vergangenheit. Es macht in Dutzenden von Disco-, Rock- und Musicalverschnitten die Musik von damals nach, und dank immer perfekterer Marktstrategien geht die Ware reißend ab. Und da sollte ein smarter Junge aus Englewood, New Jersey, allen Ehrgeiz als heißester Discofetzer der Saison dahinfahren lassen und statt Yeah! Yeah! Yeah! womöglich laut Scheiße rufen? Doch wohl nicht im Ernst.«

König einer glanzlosen Dekade

Travolta selbst beurteilte die siebziger Jahre und seine Rolle als Massenidol dieser Dekade in einem Interview im August 1983 im *Rolling Stone* ähnlich differenziert. Als Kind der Sechziger und Teenager in den Siebzigern habe er seine Generation verstanden, auch wenn er mehr auf seine Karriere fixiert gewesen sei als die meisten anderen. Seine Schauspielerei habe ihn zum Idol gemacht, weil sich jeder auf die eine oder andere Art mit ihm oder einer seiner Rollen habe identifizieren können. Und auf die leicht ironische Bemerkung des Interviewers: *Das sagt viel angesichts der Tatsache, daß die Siebziger ein so glanzloses Jahrzehnt waren,* meinte Travolta mit lakonischem Humor: »Das sagen Sie ausgerechnet mir? Ich war sein König!«
Travolta mochte *Saturday Night Fever,* er war stolz auf seine schauspielerische Leistung und davon überzeugt, daß es ein wichtiger Film sei, der die Gesellschaft beeinflußt habe. »Niemand hielt *Saturday Night Fever* für Mist. Es war ein kalter Film, mit harter Sprache und hohem Tempo, er war realistisch. Alles war kalte Realität. Ich bin stolz darauf, weil es einer der realistischsten Filme ist, die ich je gesehen habe.« Als er *Saturday Night Fever* zum erstenmal anschaute, habe er gelitten, weil er glaubte, Tony Manero durch die Intensität seiner Darstellung über Gebühr bloßgestellt zu haben. »Es war mir un-

»Ich bin stolz darauf!«

angenehm zu beobachten, was ich aus dieser Figur machte. Es
gab da Momente, wo ich wegschauen mußte, weil ich sah, daß
da jemand Sachen sagte und tat, die man nur privat tut. Erst
beim dritten Mal konnte ich den Film entspannt anschauen.
Ich hatte das Gefühl, sehr viel preisgegeben zu haben, wenn
auch nicht zwangsläufig von meiner eigenen Persönlichkeit,
sondern von der, die ich dargestellt habe.« (*Playboy,* Dezember 1978)

Erster Blick auf das Goldmännchen

Anfang Dezember 1977 hatte *Saturday Night Fever* im Chinese
Theatre am Hollywood Boulevard in Los Angeles Premiere,
jenem berühmten Filmtheater, vor dem die Fuß- und Handabdrücke der Größen des Filmbusineß in Beton verewigt sind.

50

Doch von den Spuren der Prominenz war in jener Winternacht nichts zu sehen – allzu dichtgedrängt standen die jubelnden Fans, als Travolta vorfuhr. Einige Beobachter meinten gar, die Travolta-Hysterie wäre nur der Beatles-Mania vergleichbar – ein Vergleich, den nicht nur eingeschworene Beatles-Fans von vornherein als unzulässig ablehnten. Denn seit *Saturday Night Fever* schieden sich an Travolta die Geister: Den fanatischen Fans stand eine vermutlich ebenso große Anzahl leidenschaftlicher Verächter gegenüber.

Travolta konnte das im Prinzip egal sein. *Saturday Night Fever* machte ihn zu einem reichen und berühmten Mann. 1978 wurde er für seinen Tony Manero nicht nur vom *National Board of Review* als bester Schauspieler ausgezeichnet, sondern auch für den Oscar als bester Hauptdarsteller nominiert. Furchtbar nervös sei er gewesen in der Oscar-Nacht, als er Vanessa Redgrave die begehrte Trophäe für die beste Nebendarstellerin habe überreichen dürfen. Wie in Trance habe er die Veranstaltung erlebt, er sei zwar anwesend gewesen, habe es aber selbst nicht so ganz glauben können. So als wäre er noch immer ein Kind und mitten in einem seiner Tagträume. (*Playboy,* 12/78)

Nun, den Oscar hat John Travolta nicht bekommen – weder 1978 noch später. Doch daß er in diesem Jahr überhaupt nominiert wurde, war schon ein Riesenerfolg. Und daß er nicht als bester Hauptdarsteller geehrt wurde, war für den Jungspunt angesichts der illustren Konkurrenz wirklich keine Schmach: *The Winner* war Richard Dreyfuss, der das Goldmännlein für seine Rolle in *The Goodbye Girl (Der Untermieter)* erhielt. Außerdem im Rennen um die Gunst der Jury waren Woody Allen *(Annie Hall/Der Stadtneurotiker),* Richard Burton *(Equus)* und Marcello Mastroianni *(Una giornata particolare/Ein besonderer Tag)* gewesen – »definitely heavy company«, wie auch Travolta meinte. (*Playboy,* 12/78)

Früchte des Ruhms

Nach *Saturday Night Fever* erweiterte Travolta standesgemäß seinen Hofstaat, zu dem jetzt neben seinem Agenten auch ein Geschäftsführer, eine Sekretärin, ein PR-Berater, ein Anwalt und ein Finanzberater zählten. Und er genoß den Luxus, den er sich jetzt leisten konnte, in vollen Zügen. Gegen mögliche Gewissensbisse hatte er sich seine eigene Theorie zurechtgelegt: »Wenn ich mitkriegen würde, daß ein Star Probleme mit seinem Reichtum hat, dann würde ich mich fragen, was untersteht der sich? Guter Gott, wenn so jemand das nicht wirklich genießen kann, warum solltest du dann danach streben? Ich jedenfalls hätte, wenn ich als Kind *Bonnie und Clyde* angeschaut habe, die Vorstellung nicht ertragen, daß Warren Beatty und Faye Dunaway nicht in der Welt herumfliegen, sich schick anziehen und tolle Sachen besitzen.« (*People,* 24.6.1985)

Entsprechend großzügig gab Travolta selbst sein Geld aus. Er kaufte eine Ranch auf einem knapp sieben Hektar großen Grundstück im Nobelort Santa Barbara an der kalifornischen Küste. In die Garage stellte sich der leidenschaftliche Autonarr einen Mercedes 450 SL, einen Thunderbird Baujahr 1955 und eine Honda 350. Doch das war erst der bescheidene Anfang, später fuhr er Rolls-Royce, Jaguar oder Cadillac. Auch im Innern des Hauses ging es hochherrschaftlich zu: »Er war damals noch ein Baby. Aber er saß am Kopf eines langen Tisches mit einer Klingel, mit der er die Dienerschaft herbeirief. Wir mußten furchtbar lachen. Das war nicht – ich wiederhole *nicht* –, wie wir in New Jersey aufgewachsen sind«, erinnerte sich seine Schwester Ellen an ihres kleinen Bruders Umgang mit dem neuen Reichtum (*People,* 14.11.1995). Auch ein zweites Flugzeug legte Travolta sich zu, eine DC-3 mit 17 Sitzplätzen. Allerdings durfte er die Maschine nicht selbst fliegen, weil sein Pilotenschein nur für einmotorige Flugzeuge galt. Das war aber halb so schlimm, denn solcherlei gefährliche Freizeitvergnügungen waren Travolta von Stigwood laut Vertrag sowieso untersagt.

Etwas schwindelig schien ihn der steile Karrieresprung denn doch gemacht zu haben. Schon immer auf sein Äußeres bedacht, um nicht zu sagen eitel, ließ er sich jetzt auch öffentlich zu eher peinlichen Selbstbespiegelungen hinreißen. So erzählte der 23jährige seinem Biographen Michael Reeves: »Viele Leute sagen mir, daß ich aussehe wie Joe Namath oder Warren

Beatty. In einer Hinsicht sehe ich auch aus wie Namath und in einer anderen wie Beatty. Ich glaube, meine Augen und Zähne ähneln denen Beattys, während ich mit Nase und Kinn eher Namath ähnlich sehe. Es gibt auch Leute, die meine Augen mit denen von Paul Newman vergleichen.« Mit diesem Getue machte er sich in der Branche nicht unbedingt beliebt: »Das wertvollste Möbelstück in seinem Haus ist sein Spiegel«, frotzelten Spötter.

Pomade und Petticoats

Mit *Grease* landete Travolta seinen zweiten Filmhit

Noch bevor *Saturday Night Fever* in den Kinos anlief, Erfolg oder Mißerfolg also noch nicht absehbar waren, begannen im Herbst 1977 in Kalifornien die Dreharbeiten zu *Grease*. Das gleichnamige Musical lief damals seit 1972 ununterbrochen am Broadway. Das Erfolgsstück von Jim Jacobs und Warren Casey ist ein Rückblick auf die Rock'n'Roll-Ära der späten fünfziger Jahre und ihre Filmidole James Dean und Sandra Dee. Für den Film wurde der Stoff geglättet und seiner parodistischen Züge beraubt. Heraus kam ein netter Unterhaltungsfilm ohne Ecken und Kanten, ein sentimentaler bunter Bilderbogen der fünfziger Jahre.

Der deutsche Titel *Schmiere* ist wie so oft etwas unglücklich gewählt. *Grease* bedeutet zwar auch Schmiere, da es sich hier aber nicht um einen Automechaniker-Film handelt, ist wohl eher Pomade gemeint, ein unverzichtbares Styling-Accessoire der männlichen Jugend in den Fünfzigern.

In der Filmfassung von *Grease* spielte Travolta selbstredend nicht den tumben Doody wie seinerzeit auf der Bühne, sondern Danny Zuko, den Jung-Macho mit dem weichen Kern. Als Regisseur hatte Produzent Stigwood Randal Kleiser verpflichtet, den Travolta schon von *The Boy in the Plastic Bubble* kannte. Kleiser hatte bis zu diesem Zeitpunkt nur Fernsehproduktionen gedreht, *Grease* sollte sein erster Kinofilm werden.

Travoltas Filmpartnerin war die erfolgreiche Folk-Music-Sängerin Olivia Newton-John, eine Enkelin des deutschen Nobelpreisträgers Max Born übrigens. Newton-John, in England geboren und in Australien aufgewachsen, war in den USA als Sängerin längst ein Star: Mit *Let Me Be There, If You Love Me (Let Me Know), I Honestly Love You, Have You Never Been Mellow* und *Please Mr. Please* konnte sie zwischen 1973 und 1975 fünf Top-ten-Erfolge in den Charts verbuchen. Sie besaß zwar so gut wie keine Filmerfahrung, konnte aber singen und

Mit Olivia Newton-John in ›Grease‹

paßte mit ihrem hübschen Puppengesicht ebenso in die Fünf-
ziger-Jahre-Retrospektive des Films wie in die Rolle der nicd-
lich-naiven Sandy.

Da Olivia ihren australischen Akzent nicht verbergen konnte,
schrieb man die Rolle kurzerhand um. Aus der typisch amerikanischen Sandy wurde eine Australierin, die eben erst in
die Vereinigten Staaten gezogen war. Daß sie mit damals
29 Jahren ein mindestens zehn Jahre jüngeres High-School-
Mädchen darzustellen hatte, fiel angesichts der übrigen Besetzung nicht weiter auf: Auch die anderen Schülerparts waren
mit Akteuren besetzt, die dem Schulalter sichtlich schon seit
längerem entwachsen waren. Möglicherweise sprechen die
Mädchen deshalb in der Originalfassung mit höchst unange-
nehmen Quietschstimmen, um teeniemäßiger zu wirken. Den
Gegenpart zur braven, prüden Sandy, die Rolle der frühreifen,
hinter ihrem losen Mundwerk aber sehr verletzlichen Rizzo,

übernahm Stockard Channing, die in den Kritiken durchweg gut abschnitt.

High-School-Romantik

Grease erzählt von den Schülern der Rydell High School; es geht um Liebe und Eifersucht, Konkurrenzen und Intrigen, um Teenie-Streiche und die Probleme des Erwachsenwerdens, wie das auf einer Schule eben so ist. Die Jungen ziehen nachts bier-trinkend um die Häuser, die Mädchen feiern in ihren Zimmern harmlose Baby-Doll-Parties mit eingeschmuggeltem Alkohol und ersten Zigaretten.

Danny Zuko (John Travolta) hat sich verliebt, traut sich aber nicht, das vor seinen Kameraden zu zeigen. Immerhin ist er der Anführer der T-Birds und muß als solcher den harten, coolen Typen raushängen. Eine Weiterführung des gefühlvollen Flirts mit seiner Ferienliebe, der naiv-prüden Sandy (Olivia Newton-John), die überraschend an der Schule als neue Mitschülerin auftaucht, würde da schlecht ins Bild passen. Schließlich ist er kein Weichei. Folglich läßt er Sandy überheblich abblitzen, wann immer seine Kumpels in der Nähe sind. Doch sind die beiden miteinander allein, balzt er sie hingebungsvoll an.

Als sie sich, um ihn eifersüchtig zu machen, einem athletischen jungen Mann zuwendet, versucht auch er sich in verschiedenen Sportarten. Eher erfolglos allerdings, doch immerhin eilt ihm Sandy nach einem Sturz beim Hürdenlauf liebevoll zu Hilfe. Doch tauchen nach dieser zarten Annäherung neue Hinder-nisse auf. Beim Schulball läßt er sich von einer anderen ab-schleppen, sie verläßt ihn nach einem Sturmangriff auf ihre Jungfräulichkeit im Autokino. Allein gelassen schmalzt Danny sein Liedchen *Sandy* und zerbricht sich den Kopf darüber, wie wohl die Kumpels am bevorstehenden Montag auf seine Niederlage reagieren werden. Nach einem Autorennen, das Danny mit dem von seiner Clique aufpolierten und auf den Namen *Greased Lightning* getauften Wagen gewinnt, be-schließt Sandy, ihr Image umzukrempeln. Ganz in aufreizendes Schwarz gehüllt, taucht sie als Rockerbraut auf, und endlich kann und will sich auch Danny zu ihr bekennen. Gemeinsam besingen sie das Happy-End mit *You Are the One That I Want* – die Melodie wurde übrigens hierzulande mit dem sinnigen Text *Die Wanne ist voll* zum Gassenhauer.

Diese eher dürftige Story bildet den Rahmen für diverse Tanzeinlagen und fetzige Musik. Der Soundtrack ist eine äußerst erfolgsträchtige Mischung: Fünfziger-Jahre-Songs aus dem Original-Musical wie *Summer Nights, Greased Lightning, It's Raining on Prom Night, Look at Me, I'm Sandra Dee* oder *There Are Worse Things I Could Do* wurden gemischt mit aktuellen Hits wie *Tears on My Pillow* (Sylvester Bradford/Al Lewis) oder *You're the One That I Want* (John Farrar). Den Titelsong *Grease* schrieb wieder Barry Gibb von den Bee Gees, gesungen wurde er von Frankie Valli. Und zur Freude der Fans sangen auch Newton-John und Travolta, mal als Solisten, mal im Duett.

Die Songs aus dem Doppelalbum *Grease* stürmten die Hitparaden: In England war *You're the One That I Want* von Juni bis August 1978 neun Wochen lang ununterbrochen die Nummer eins, und im Herbst standen Newton-John und Travolta mit *Summer Nights,* der zweiten Single-Auskopplung aus dem Album, weitere sieben Wochen an der Spitze der Charts. Fast ebenso erfolgreich war das Album in den USA: Hier erklomm zunächst *You're the One That I Want,* dann der Titelsong *Grease* die Spitzenposition.

Mordsspaß oder Diebesgut

Kommerziell war *Grease* ebenso wie das Album zum Film ein Riesenerfolg, die Kinokassen klingelten gar heftiger als bei *Saturday Night Fever.* Auch die Broadway-Produktion profitierte von der Verfilmung des Musicals. Viele der jugendlichen Travolta-Fans, die sonst wohl nie den Weg ins Theater gefunden hätten, gingen jetzt, durch den Film angeregt, ins Royale Theater, um sich die Originalversion anzusehen.

Die Kritiker hingegen waren sich nicht so ganz einig, nach welchen Kriterien *Grease* denn nun zu bewerten sei. Die amerikanische Presse versuchte mehrheitlich erst gar nicht, einen tieferen Sinn in der Geschichte zu finden, und sah in *Grease*

»Gute, saubere, temperamentvolle Unterhaltung«

einen mehr oder weniger gelungenen Unterhaltungsfilm. »Terrific fun« nannte die *New York Times* das Leinwandspektakel. Auch äußerte sich das angesehene Blatt lobend bezüglich der Leistungen der beiden Hauptdarsteller. »Wer nach guter, sauberer, temperamentvoller Unterhaltung sucht, für den ist *Grease* genau das richtige«, urteilte der kritische *Motion Picture Guide* und verlieh dem Film immerhin dreieinhalb von fünf möglichen Sternen. Der *Filmdienst* hingegen ließ kein gutes Haar an dem Produkt: *Grease* habe Travoltas tänzerische Grenzen aufgezeigt, Olivia Newton-John sei eine völlige Fehlbesetzung, und überhaupt hätten »Kleiser und sein Reserve-Dean Travolta so viel schlecht gestohlen bzw. sich selbst wiederholt, daß man nur mit Wehmut an die Stars und Filme der 50er Jahre denken kann.«

Auch die ebenso erfolgreiche wie gnadenlose Vermarktung des Films und seiner Beiprodukte stieß auf heftige Kritik.

Doris Dörrie, 1978 gerade mal 23 Jahre alt, aber schon Filmemacherin, befand: »Es ist eine ganz klar kommerzielle Geschichte, da wird Zelluloid verkauft, da wird Musik verkauft, wird genauso verkauft wie neue Seife. Und so wie man eine Seife pushen kann, kann man auch einen Film pushen.« (*Kulleraugen Materialsammlung,* Dezember 1978).

1982 produzierten Robert Stigwood und Allan Carr übrigens unter dem phantasielosen Titel *Grease 2* eine Fortsetzung des Films, die allerdings trotz Michelle Pfeiffer und Maxwell Carrington in den Hauptrollen bei weitem nicht so erfolgreich war wie der erste Teil.

Travolta selbst vermißte zwar in der Filmfassung den Biß der Bühnenversion, fand aber, das sei durch die Musical-Nummern wettgemacht worden. Außerdem könne man *Grease* nicht mit *Saturday Night Fever* vergleichen. Grease sei halt ein leichtes, lustiges Musical und kein dramatischer Film. In den Medien aber sei das Werk besprochen worden, als erhebe es den Anspruch, ein ernsthafter Dokumentarfilm über die fünfziger Jahre zu sein (*Playboy,* Dezember 1978).

Vom *Playboy* befragt, ob er *Grease* lieber nicht gedreht hätte, wenn er den Erfolg von *Saturday Night Fever* und damit seinen enorm gestiegenen Wert als Schauspieler hätte vorhersehen können, meinte Travolta: »Ich hatte wirklich keine Wahl. Ich hatte *Grease* am Broadway gespielt und wollte den Film machen. Aber, um ehrlich zu sein, auf der einen Seite hatte ich etwas Bedenken wegen des Films, weil er mit Sicherheit ein anderes Kaliber war als *Days of Heaven.* Auf der anderen Seite sagte ich mir: Ich bin froh, daß mir hier drei Filme angeboten worden sind, so kann ich wenigstens den Verlust von *Days of Heaven* wettmachen.«

Idol und Sexsymbol

Schon seit *Welcome Back, Kotter* von den Kids und Teenies umschwärmt, wurde Travolta mit *Saturday Night Fever* und *Grease* endgültig zum Idol. 70.000 Briefe schickten ihm seine Fans jede Woche. Wenn er die alle beantwortet hätte, wäre ein großer Teil seiner Honorare für das Porto draufgegangen.

Die Jungs wollten möglichst aussehen wie er, und wer von sich aus nicht dem großen Vorbild nachstrebte, dem legte die Freundin eine Veränderung à la Travolta ans Herz. In den Kinos fanden dementsprechend merkwürdige Metamorphosen statt – nach der Pause kamen die Mädchen mit der Sandy-Frisur von Olivia Newton-John, die Jungen im Travolta-Styling mit pomadisierter Schmalzlocke aus den Toiletten.

Kein Wunder, daß der erotische Tänzer und Leinwand-Herzensbrecher bei seinem Publikum, aber auch in den Medien zunehmend als Sexsymbol gehandelt wurde. Denn die Presse spielte bei dieser Etikettierung munter mit. So beschworen Journalisten, wenn sie Travoltas Charisma zu fassen suchten, eher seine Ausstrahlung als seine darstellerischen Qualitäten, eher sein Aussehen als sein Talent.

Dabei kamen gelegentlich kuriose Lobeshymnen voll unfreiwilliger Komik heraus. Henry Schipper beispielsweise schwärmte im September 1983 in *Playgirl:* »Das tiefe Grübchen in seinem Kinn verleiht ihm ein gewisses Drama, und sein Lächeln, ein großartiges, entwaffnendes Lächeln, spielt eine Rolle. Aber die wirkliche Quelle und Zierde seines Charismas sind seine Augen, erstaunliche Augen, wie ich ähnliche kaum jemals gesehen habe – blaugrüne Quecksilber-Augen, die ein Eigenleben zu führen scheinen und ihn sofort als jemand Besonderen, Bezaubernden kenntlich machen, aber nicht wegen seiner Filme oder seines Reichtums und Ruhms, sondern von Natur aus durch den ultimativen Zauber der Transparenz. In diesen Augen spiegelt sich der ganze Travolta wider, seine Verwundbarkeit und Verträumtheit, seine Unsicherheit und sein sexy Charme. Er zieht dich sofort in seinen Bann, sein Charisma bezeugt einen gewissen Grad von Risiko und Ehrlichkeit, der sein Talent erklärt und seinen Ruhm rechtfertigt.«

Travolta selbst hatte zu seinem Image als Sexsymbol seinerzeit eine eher ambivalente Einstellung. Einerseits kokettierte er gerne mit dem Renommee des leidenschaftlichen Latin Lover, etwa wenn er erzählte: »Ich empfinde mich selbst als ausgesprochen sexuelle Person, ich glaube, ich bin ziemlich heißblütig. Das heißt nicht, daß ich notwendigerweise promisk bin. Ich habe wirklich viel Spaß an Sex, an der Vorstellung von Sex und an meinen Phantasien. Ich bin leidenschaftlich, wenn auch nicht unbedingt auf der Leinwand.« (*Playboy,* Dezember 1978). Doch schon ein paar Sätze später relativierte er: »Man hat mir Beziehungen zu nahezu jeder Frau aus der Filmbranche nachgesagt. Meistens Dreiecksbeziehungen. Ich fliege nach Paris, um Marisa Berenson zu treffen, während Olivia Newton-John mit meinem Kind zu Hause auf mich wartet. Oder daß Lee Majors eifersüchtig ist, weil ich mit Farrah ausgehe. Das ist alles so weit hergeholt, darüber kann ich nur lachen.«

Sex und Charisma: ›Grease‹

Den sozusagen parallel zu seinem Image als Sex-Maniac kei-
menden Gerüchten über Travoltas angebliche Homosexualität
und den Anspielungen auf seine androgyne Ausstrahlung begegnete er gewöhnlich ziemlich souverän. Er sei nicht schwul,
und wenn seine Ausstrahlung in gewissen Rollen androgyn sei,
dann bitteschön wenigstens macho-androgyn. Im übrigen würden über alle männlichen Filmstars derartige Gerüchte ver-
breitet, so daß ihn diese Unterstellung nicht weiter überrascht
habe (*Rolling Stone,* August 1983).

Im Laufe der Jahre allerdings fingen die Einfallslosigkeit der
Interviewer, die hartnäckigen Fragen nach seiner Sexualität
und dem damit verbundenen Image an, ihn zu langweilen. Darüber, ein Sexsymbol zu sein, denke er nicht allzuviel nach. Er
habe dazu auch keinen besonderen Standpunkt. Das scheine
einfach Teil des Pakets zu sein, in dem er im Film präsentiert
werde. »Aber wissen Sie, das ist nichts, was man im täglichen
Leben vor sich herträgt.« (*Photoplay,* September 1985)

Ganzheitliche Sinnsuche

Doch zurück in das Jahr 1978. Bereits vor *Saturday Night Fever*
und *Grease* hatte Travolta befürchtet, durch seinen Erfolg als
Vinnie Barbarino auf das Rollenklischee des coolen Typen und
charmanten Herzensbrechers festgelegt zu werden. Diese Gefahr war jetzt, wo ihn alle Welt mit Tony Manero und Danny
Zuko identifizierte, um ein Vielfaches größer geworden. Sein
Lebensziel aber war es, als anerkannter Schauspieler in die
Geschichte einzugehen, als »großer Charakterdarsteller, der
gesellschaftliche Aussagen macht und den Menschen Einsich-
ten und Anregungen vermittelt.« (*Playboy,* Dezember 1978)

Die Gefahr, von nun an bei jedem Film an den Einspielergeb-
nissen von *Saturday Night Fever* und *Grease* gemessen zu werden, schreckte ihn hingegen nicht. Er wolle sich diesbezüglich
nicht selbst unter Druck setzen: Sich bei jedem neuen Film
selbst übertreffen zu wollen, hielt er für reichlich dumm. Wenn
ihm noch einmal ein solcher Wurf gelingen sollte, gut, aber bei
jedem Projekt werde das mit Sicherheit nicht möglich sein.
Ansonsten gelte es, weiterhin hart zu arbeiten, allerdings nicht

nur um des Erfolges willen. Auch wenn der junge Travolta offen eingestand, daß er ohne Erfolg nicht besonders glücklich wäre. Doch die Arbeit bedeutete ihm weit mehr: »Die Wahrheit ist, daß ich nur dann ich selbst bin, wenn ich arbeite. Viele Menschen versuchen, sich von dem, was sie tun, abzugrenzen. Das ist Unsinn. Denn du lebst durch das, was du tust. Das ist es, was dich groß macht.« (*Playboy,* Dezember 1978)

Verpatzte Reifeprüfung

Moment By Moment, der erste Flop

Die Arbeit ist es, was den Menschen ausmacht, ihm Größe gibt oder eben Bedeutungslosigkeit – das also war Travoltas Credo auf dem Zenit seines Erfolgs. Wer die eigene Identität so extrem über die Arbeit definiert, den muß eine berufliche Niederlage zwangsläufig existentiell treffen. Vor allem, wenn sie völlig unerwartet kommt.

Noch gegen Ende des Jahres 1978, als er sich in einem ausführlichen Interview für den *Playboy* den Fragen von Judson Klinger stellte, schien Travolta nahezu unangreifbar: *Saturday Night Fever* und *Grease* hatten die Kinos der Welt erobert, und mit Travolta Productions hatte er seine eigene Produktionsfirma gegründet. *Moment By Moment (Von Augenblick zu Augenblick),* der Film, der ihn vom Image des Teenie-Stars befreien sollte, war abgedreht, aber noch nicht in den Kinos angelaufen. Zu diesem Zeitpunkt hätten wohl nicht einmal seine ärgsten Feinde auf den bevorstehenden Absturz des John Travolta gesetzt.

Die Dreharbeiten zu *Moment By Moment* hatten Mitte April 1978 begonnen, nur wenige Tage nach der Oscar-Verleihung, bei der Travolta leer ausgegangen war. In dem erwähnten Interview (*Playboy,* 12/78) äußerte sich Travolta bezüglich seines neuen Films höchst zufrieden und zuversichtlich. *Moment By Moment* könne ein Wendepunkt in der Filmgeschichte werden, denn zum erstenmal würde hier ein Mann ebenso viele emotionale Wechselbäder und Wandlungen durchleben, wie es bis dahin auf der Leinwand den Frauen vorbehalten war. Ebenso begeistert wie von der Story war er von Filmpartnerin Lily Tomlin, seiner Wunschpartnerin für diesen Film: »Ich hatte sie in einem Ein-Personen-Stück in New York gesehen und sagte Stigwood, daß ich etwas mit ihr zusammen machen wollte, weil sie unglaublich gut war. Ich halte Lily für eines der größten Talente, die wir haben oder je hatten.« Für den unbefangenen Beobachter klingt es natürlich ziemlich überheblich, wenn der

Mit Lily Tomlin in ›Moment By Moment‹

24jährige Travolta die deutlich ältere, renommierte Kollegin als großes Talent bezeichnet. Aber davon abgesehen zeigt diese Äußerung nicht nur, wie sehr er Lily Tomlin schätzte, sondern sagt ebenso viel über sein damaliges Selbstbewußtsein. Anpassungsfähig wie eh und je gab sich Travolta in bezug auf *Moment By Moment* leicht feministisch angehaucht. Denn der Film, nach dem Drehbuch und unter der Regie von Jane Wagner gedreht, erzähle seine Geschichte, wie Travolta meinte, weitgehend aus der Perspektive einer Frau. Doch Travolta, das Chamäleon, bewältigte den U-Turn vom coolen Herzensbrecher zum Softie verbal mit Bravour: »Sie sprechen mit einem Menschen, der weibliches Verhalten mehr schätzt als typisch männliche Verhaltensweisen, und zwar wegen seiner Emotionalität. Was Frauen auf der Leinwand durchmachen, bewegt mich viel mehr – ich teile eher die Perspektive der Frauen.« Auch in seiner Rolle schien er sich problemlos wiederzufinden

und interpretierte den Charakter mit viel Einfühlungsvermögen: »Es ist ein junger Mann, der kaum über soziale Abwehr-
techniken verfügt. Vielleicht drückt er sich genau so aus, wie eine Frau sich das von einem Mann wünscht; er handelt spontan,
ohne Hemmungen. Er ist so offenkundig ehrlich und verletz-
bar, ein neuer Typ Mann, mit dem man sich identifizieren kann.
Eine weitergehende Aussage des Films könnte sein, daß er
dem Alter den Stachel nimmt und daß er sexistische Stand-
punkte entkräftet.« (*Playboy*, Dezember 1978)

Reife Lady, jugendlicher Lover

Die Story ist schnell erzählt, der Film ist nicht eben reich an
Handlung: Der 19jährige Strip (John Travolta) hat sich von zu
Hause abgesetzt und verdient sich seinen Lebensunterhalt
mehr schlecht als recht damit, vor den Villen der Reichen auf
die Autos der Gäste aufzupassen, wenn diese zur Party laden.
Bei einer solchen Gelegenheit lernt er Trisha Rawlings (Lily
Tomlin) kennen. Sie ist wesentlich älter als er, aber attraktiv
und wohlhabend. Außerdem hat sie Eheprobleme, ihr Mann
hat eine Affäre mit einer anderen Frau. Strip umwirbt Trisha,
aber die zeigt sich zunächst nicht besonders interessiert. Doch
schon bald erliegt sie seinem jugendlichen Charme und nimmt
ihn mit in ihr nobles Sommerhaus am Meer. Wir werden Zeuge kleinerer und größerer gegenseitiger Verletzungen, man
streitet und versöhnt sich beim gemeinsamen Schaumbad.
Nach jedem Streit haut Strip beleidigt ab, sorgt aber dafür, daß
er ohne Gesichtsverlust wieder zurückkommen kann, denn je-
desmal läßt er irgend etwas in Trishas Haus liegen. Trisha, die
zunächst Probleme hat, sich zu ihrem jugendlichen Lover zu
bekennen, und ihn anfangs sogar vor ihrer Freundin und Ver-
trauten Naomi (Andra Akers) verleugnet, wird selbstbewußter
und zeigt sich mit Strip in Edelrestaurants und auf Parties.
Aber natürlich ist so eine Liaison nichts für die Ewigkeit …
Der Film ist sentimental und langweilig, die Charaktere sind
nicht stimmig. Das Thema »junger Mann verliebt sich in ältere
Frau« war bereits damals ziemlich abgedroschen und kann die
Geschichte allein nicht tragen. Wie man dieses Thema zu einer

ebenso temporeichen wie humorvollen Satire verarbeitet, war bereits 1967 in *The Graduate (Die Reifeprüfung)* mit Dustin Hoffman überzeugend demonstriert worden. *Moment By Moment* ist dagegen eher eine unfreiwillige Komödie, galt der Film doch in Amerika als großer Heiterkeitserfolg. Hollywood-Kolumnist James Bacon hielt ihn gar für einen der schlechtesten Filme in der Geschichte Hollywoods. Mit Sicherheit gehört er zu den wenig durchdachten. Soll die Geschichte eine romantische Liebesaffäre sein oder – wie die Umkehrung der traditionellen Geschlechterrollen nahelegen könnte – ein Beitrag zur sexuellen Befreiung der Frau? Oder vielleicht gar beides?

Widersprüchlich bleibt auch die Figur des Jungen. Ist Strip ein unschuldiger Knabe oder ein berechnend schnorrender Witwentröster? Immerhin läßt er sich von Trisha aushalten und lebt, nachdem er sie verlassen hat, vorübergehend vom Geld einer anderen Frau.

Travolta sagte rückblickend dem *Rolling Stone* (August 1983), zwischen ihm und der Tomlin habe die Chemie nicht gestimmt. Privat hätten sie sich hervorragend verstanden, aber auf der Leinwand habe die Zusammenarbeit nicht funktioniert. Sven Hansen allerdings berichtete in der *Welt* (11.8.1979): »In Wahrheit tobte die Tomlin hinter den Kulissen, weil sie glaubte, Travolta sei auf ihre Kosten zu gut weggekommen.« Was auch immer an diesen Gerüchten dran sein mag, eines kommt im Film deutlich rüber: Zwischen Travolta und der Tomlin sprühen keine leidenschaftlichen Funken, ihre Liebesszenen sind unvorstellbar unerotisch.

Hämische Seitenhiebe

Nun war *Moment By Moment* bei weitem nicht der erste schlechte oder mißlungene Film aus Amerikas Traumfabrik. Einem Travolta aber wurde ein solcher Mißgriff nicht verziehen. Wie die Geier stürzten sich die Medien auf den Film und seinen Hauptdarsteller – egal, ob sie zuvor Travoltas kometenhaften Aufstieg frenetisch bejubelt, publizistisch gefördert oder kritisch begleitet hatten. Ein gefundenes Fressen war in diesem Zusammenhang die Parallelität zwischen dem wirklichen Leben des John Travolta und der Filmstory.

Ebenso wie die amerikanischen Kollegen erlag auch die deutsche Presse der Verführung, die unglückliche Nähe von Fiktion und Realität immer wieder herauszustellen. Vor allem wenn es zu beweisen galt, daß John Travolta eben kein richtiger Schauspieler, sondern bestenfalls ein genialer Selbstdarsteller sei.

Schon bevor *Moment By Moment* in den Kinos anlief, spottete Günther Rühle in der *FAZ* (20.1.1979): »Demnächst wird der dritte und letzte Film aus dem Stigwood-Paket, *Moment By Moment*, ihn (Travolta) noch einmal vorführen, als einen ›teenager runaway‹, der in eine romantische Leidenschaft zu einer älteren Frau gerät. Travoltas enge Bindung an Diana Hyland, die während der Dreharbeiten zu *Saturday Night Fever* starb, gibt auch da wieder eine reale Beziehung zur Handlung. Ja, das Thema hat im Moment, da die Gilde der Emanzipatoren beim Recht der älteren Frau auf einen jüngeren Mann angelangt ist, sogar einen Schein von Aktualität.«

Auch Sven Hansen (*Die Zeit*, 14.2.1979) konnte sich einen Seitenhieb auf die tragische Liebesgeschichte nicht verkneifen, analysiert darüber hinaus aber auch, warum der Film zum Flop werden mußte: »Statt Augenblick um Augenblick, spottet das Fachblatt *Variety*, scheine er Stunde um Stunde zu dauern. Dabei war alles ganz ernst gemeint: In einer dramatischen Romanze verliebt Travolta sich in eine ältere Frau (Lily Tomlin). Eine deutliche Anspielung auf die Liebesaffäre, die er mit der um 18 Jahre älteren Diana Hyland hatte und die mit ihrem Krebstod im März 1977 tragisch endete. Das Charakteristikum der Travolta-Filme, eigentlich immer nur sich selbst zu spielen, bleibt also auch hier gewahrt. Nur half das nichts, weil Travolta in *Moment By Moment* weder tanzt noch singt. Und damit wurden gleich drei Todsünden begangen: Einmal muß Travolta sich allein auf seine schauspielerische Begabung verlassen, und da hat er, um es einmal vorsichtig auszudrücken, noch viel zu lernen. Zum anderen wird das typische Travolta-Publikum vergrätzt, dessen Durchschnittsalter erheblich unter dem der anderen Kinogänger liegt und das nicht zuletzt wegen der Musik und des Tanzes kommt. Und drittens funktioniert der

Medienverbund von Kino und Schallplattenindustrie nicht, mit dem sich bei Travolta bis jetzt gute Geschäfte machen ließen. *Moment By Moment* macht deutlich, daß Travolta ein synthetischer Star ist. Daß die Wahl auf ihn fiel, ein geschäftliches Kalkül in Fleisch und Blut zu repräsentieren, ist weitgehend Zufall. Daß er die Wandlungsfähigkeit besitzt, das Ende seiner heutigen Modewelle zu überleben, muß bezweifelt werden. Travolta ist ein Nebenprodukt der Disco-Kultur.«

Ein synthetischer Star?

Schlechte Kritiken hatte auch *Grease* einstecken müssen, doch hatte das den kommerziellen Erfolg nicht schmälern oder gar verhindern können. *Moment By Moment* aber fiel auch beim Publikum vollkommen durch. Ein Vierteljahrhundert lang verstaubte der Film vergessen im Archiv, bis er von RTL 2 im Zuge des großen Travolta-Comebacks wiederentdeckt und drei Tage nach dem Kinostart von *Pulp Fiction* im November 1994 ausgestrahlt wurde.

Daß *Moment By Moment* vom Publikum nicht angenommen wurde, dürfte nicht ausschließlich in der mangelnden Qualität des Films begründet sein. Stigwood & Co. hatten sich vermutlich schlicht und einfach in der Zielgruppe verkalkuliert: Die Travolta-Fans waren in ihrer überwiegenden Mehrheit Jugendliche zwischen zwölf und 20 Jahren und zudem weiblichen Geschlechts. Daß diese verliebten Teenies ihr Idol nicht unbedingt als Lover einer Frau sehen wollten, die zur Generation der eigenen Mütter gehörte, liegt auf der Hand. Daß Stigwood, der alte Fuchs, das nicht vorhergesehen hatte, stimmt allerdings verwunderlich.

Auch Travolta hatte geglaubt, sein Publikum würde ihm den Rollenwechsel abnehmen. »Ich glaube, dies ist ein wichtiger Wendepunkt für mich. Wenn ich noch ein paar weitere Filme in dem Genre (wie *Saturday Night Fever* und *Grease*) gemacht hätte, wäre die Gewöhnung vielleicht zu stark gewesen. Ich werde Ihnen etwas Interessantes sagen – jeder nahm mir *The Boy in the Plastic Bubble* ab, obwohl die Rolle völlig anders war als alles, was ich je gemacht hatte. Mit dieser Rolle (der des Strip) ist es genauso. Ich glaube, wenn man seine Rolle überzeugend spielt, so daß sie glaubwürdig ist, Dimension und Kolorit hat, dann nimmt das Publikum sie einem auch ab.« (*Playboy,* Dezember 1978)

Verluste und Krisen

Zu den beruflichen kamen private Tiefschläge. Im Herbst 1978 war die vergötterte Mutter an Krebs gestorben. Das dürfte, ebenso wie die Anspielungen in der Presse, neben seinem aktuellen Schmerz um den Tod der Mutter zusätzlich alte Wun-

›Von Augenblick zu Augenblick‹

den aufgerissen haben. Travolta vermißte die Mutter, vermißte
ihre immerwährende Anteilnahme an seinem Wohlergehen
und dem Fortgang seiner Karriere, und er bedauerte, daß sie
an seinem Wohlstand und Lebensstil nicht mehr würde teilha-
ben können. In dem Viertel, in dem er aufgewachsen sei, habe
man von den Dingen geträumt, die er jetzt besitze, erzählte er
dem *Rolling Stone* (August 1983). Auch seine Mutter habe davon geträumt. Ihr diesen Lebensstil zu bieten und zu erleben,
wie sie ihn genießt, das hätte ihm unendlich viel bedeutet.
Als die Mutter starb, so sagte er später (*Photoplay,* September
1985), sei er erwachsen geworden. Seine Karriere habe nicht
mehr die gleiche Bedeutung gehabt, denselben Reiz ausgeübt.
Bis dahin hätte er sich immer im Dienst der Familie gefühlt.
»Dann fing ich an, Dinge für mich zu tun. Und wissen Sie was?
Es ist leichter, für Entscheidungen verantwortlich zu sein, die

man selbst getroffen hat, als für die, die andere für dich getroffen haben.« Doch da hatte er schon einige Jahre Abstand gewonnen und karrieremäßig mehr als eine Niederlage einzustecken gehabt. Aktuell schien Ende 1978, Anfang 1979 all das um ihn herum wegzubrechen, worauf er in den letzten zehn Jahren hingearbeitet hatte.

Irritiert und verletzt zog sich Travolta zurück und schmollte. Er veränderte sein Äußeres und ließ sich einen Vollbart stehen. Durch die Presse geisterten Meldungen, er litte unter Depressionen. Er selbst dementierte das später nachdrücklich. Er habe ausgiebig auf seiner Ranch in Santa Barbara Ferien gemacht und sei mit verschiedenen Frauen herumgereist. Das ließe ja wohl kaum auf Depressionen schließen. Da es über den Schauspieler Travolta in dieser Zeit nichts Neues zu berichten gab, stürzten sich die Medien auf sein Privatleben, seine Freund- und Liebschaften: Marilu Henner, Kate Edwards, Ellen March und eine Reihe weiterer Schönheiten wurden, ob zu Recht oder zu Unrecht, mit dem gestürzten Star in Verbindung gebracht.

Zwei Jahre blieb John Travolta dem Filmbusineß fern, und diese zwei Jahre, so sagte er später, seien die härtesten in seinem Leben gewesen (*Bunte,* 36/1981).

Kein Mann für gewisse Stunden

Seit dieser Zeit traf Travolta zweifellos nicht immer die richtigen Entscheidungen, was seine Karriere betraf. Er habe nie um Rollen kämpfen können und fühlte sich in der Beziehung wie ein Kinderstar, meinte er später. Er habe nur schauspielern müssen, um die geschäftliche Seite hätten sich gewöhnlich andere gekümmert (*Sky Magazine,* August 1994).

Nach *Moment By Moment* hätte Travolta den Julian Kay in *American Gigolo (Ein Mann für gewisse Stunden)* spielen sollen. Er hatte sich auf diese Rolle sehr gefreut. Mit den drei Stigwood-Filmen habe er sein Soll als jugendlicher Darsteller erfüllt, jetzt wolle er sozusagen in die Erwachsenen-Sparte wechseln, erzählte er dem *Playboy* (Dezember 1978). Der Gigolo, Ende 20, schien da der perfekte Übergang.

Nun aber zog er seine Zusage für *American Gigolo* zurück – die Rolle eines männlichen Prostituierten, eines Edelstrichers ließ ihn wohl, angeschlagen wie er bereits war, um den endgültigen Verlust seines Images fürchten. Die Hauptrolle in *Gigolo* übernahm dann – wie bereits seinerzeit in *Days of Heaven* – Richard Gere, für den dieser Film der Durchbruch werden sollte.

Noch zwei weitere Male sollte Richard Gere davon profitieren, daß John Travolta die Erfolgsmöglichkeiten eines Projektes unterschätzte und interessante Filmangebote ablehnte. So verzichtete er 1982 auf die Hauptrolle in *An Officer and a Gentleman (Ein Offizier und Gentleman).* Travolta begründete sein Desinteresse an diesem Film später damit, daß er nach Durchsicht des Skripts den Eindruck gehabt habe, die Frauenrolle sei der bessere Part. Außerdem habe er damals gerade erst *Blow Out* abgedreht und von daher keine Lust gehabt, gleich wieder an die Arbeit zu gehen (*Rolling Stone,* August 1983). Er habe damals lieber seine Pilotenausbildung vervollständigen wollen (*Rolling Stone,* Januar 1996). Was er da abgelehnt hatte, war ein Film, der nicht nur ein großer Kassenerfolg wurde, sondern Gere auch zu einem der begehrtesten Schauspieler in Hollywood machte. Was nicht heißt, daß dieser scheinbar harmlose, ideologisch angehauchte Unterhaltungsfilm, der sich »als besonders perfider Träger nationaler Erziehung zur seelischen Mobilmachung« erweist *(Der Spiegel),* diesen Erfolg auch verdient hätte. Auch die Hauptrolle in dem ebenfalls 1982 gedrehten Film *Breathless (Atemlos),* einer Neuverfilmung von Jean-Luc Godards *A bout de souffle (Außer Atem)* hatte man zunächst mit Travolta besetzen wollen, bevor sie, da er dankend ablehnte, an Richard Gere ging.

Diese Häufung kann nach menschlichem Ermessen kaum ein Zufall sein, auch wenn die Zahl der männlichen Superstars in Hollywood damals recht überschaubar war. Und weil Travolta in über 20 Jahren Filmkarriere so oft als schwul oder bisexuell geoutet worden ist, dürfte es ihm nicht weiter weh tun, wenn an dieser Stelle ausnahmsweise mal ein Gerücht kolportiert wird. So stand im Stadtmagazin *Prinz* im Februar 1996 über John Travolta und die Kriterien für seine Rollenwahl folgendes zu lesen: »Es kam die Zeit der schlechten Berater. Der erste hieß Richard Gere. Über die angeblich homosexuelle Freundschaft der beiden kursieren in der New Yorker Clubszene die irrsten Gerüchte. Fakt ist: Gere hatte wesentlichen Einfluß auf alle Entscheidungen des Kollegen. In jener Zeit lehnte Travolta Angebote für die Filme *Days of Heaven, Ein Mann für gewisse Stunden* und *Ein Offizier und Gentleman* ab. Genau die Rollen, die Gere zum Star machten.«

Der Vollständigkeit halber aber sei erwähnt, daß Travolta nicht nur zugunsten von Richard Gere diverse Chancen vergab: 1984 beispielsweise zeigte er keine Neigung, die Hauptrolle in Ron Howards modernem Kinomärchen *Splash (Splash – Jungfrau am Haken)* zu übernehmen – damals war Tom Hanks der Nutznießer.

Achtungserfolge

Mit *Urban Cowboy* und *Blow Out* meldet sich Travolta
aus dem Vorruhestand zurück

Nach dem Flop von *Moment By Moment* machte sich Travoltas »Geschmacksunsicherheit«, sein »unfehlbares Gespür, die
falschen Filme zu machen und die richtigen abzulehnen« (*Die
Woche,* 1.3.1996), erstmals deutlich bemerkbar. Lange ließ er
sich mit der Auswahl des nächsten Films Zeit, prüfte und ver-
warf Angebote und Drehbücher. Er befürchtete, das mühsam
Erreichte mit einer falschen Entscheidung gänzlich kaputtzu-
machen. Diese Angst und die Unsicherheit lähmten ihn, jeder
Entschluß wog doppelt schwer.

Schließlich entschied er sich für *Urban Cowboy* unter der Regie von James Bridges. Sozusagen in letzter Minute, denn auch
diese Rolle hätte Travolta fast verpennt, weil er, über dem
Drehbuch brütend, seine Zusage ewig hinausgezögert hatte.
Travoltas Partnerin in *Urban Cowboy* würde Debra Winger
sein, die 1982 in *An Officer and a Gentleman* an der Seite von
Richard Gere die Rolle der Paula Pokrifki übernehmen und
für diesen Part mit einer Oscar-Nominierung belohnt werden
sollte. Ob sie mit der Entscheidung für *An Officer and a
Gentleman* allerdings eine glücklichere Hand bewiesen hat als
Travolta, der, wie bereits erwähnt, die männliche Hauptrolle
ablehnte, ist zumindest fraglich: Immerhin bezeichnete Debra
Winger Richard Gere laut Geres Biograph Meinholf Zurhorst
als einen der schlimmsten Filmpartner und Männer in ihrem
Leben. Doch das nur am Rande.

Wie *Saturday Night Fever* griff *Urban Cowboy* einen aktuellen
Trend auf – diesmal war es die Country & Western-Musik, die
1980 in den USA ein erstaunliches Comeback erlebte. Eine
neue Generation von Musikern hatte, nicht zuletzt durch die
Aufnahme von Rockelementen, dem leicht verstaubten Country & Western eine musikalische und ideologische Verjüngungskur verordnet. Verbunden mit einer Rückbesinnung auf
den einfachen Lebensstil der Pionierzeit und sein ebenso

schlichtes Weltbild, das im krisengeschüttelten Amerika der Carter-Ära offensichtlich dem nostalgischen Lebensgefühl vieler Bürger entsprach, hatte diese Verjüngungskur der Country & Western-Musik in den USA einen neuen Boom und allein im Jahre 1980 ein Umsatzplus von 30 Prozent beschert. *Urban Cowboy,* Wildwestromantik auf dem neuesten Stand der Technik sozusagen, schien demnach ein höchst erfolgversprechendes Thema.

Tanz auf dem Stier

In *Urban Cowboy* spielt Travolta Bud, einen jungen Texaner, der auf dem Land aufgewachsen ist. Jetzt sucht er sein Glück in der Stadt, genauer gesagt in Houston, wo ihm sein Onkel Bob (Barry Corbin) einen Job in einer Raffinerie besorgt hat. Doch für Bud ist der Arbeitsalltag nicht die Erfüllung seiner Träume; seinen Lebensmittelpunkt findet er bei *Gilley's,* einer überdimensionierten Saloon-Imitation – die Übereinstimmung der Ausgangssituation mit der Story von *Saturday Night Fever* ist wahrlich unübersehbar. Bei *Gilley's* lernt Bud dann auch Sissy (Debra Winger) kennen, und schon bald sind die beiden verheiratet. Doch das Glück der trauten Zweisamkeit trägt nicht lange; ebenso schnell, wie sie geheiratet haben, leben Bud und Sissy sich auseinander.

Immer öfter flieht Bud aus dem Heim im Wohnwagen zu *Gilley's,* wo er sich auf der Attraktion des Hauses, einem mechanischen Stier, als Rodeoreiter die Anerkennung holt, die ihm sein Weib verweigert. Seiner Angetrauten allerdings verbietet Bud, sich auch mal auf dem buckelnden Bullen zu versuchen, und schon ist ein neuer Ehekrach da. Um wechselseitig die Eifersucht des Partners zu schüren, läßt sich Sissy auf einen heftigen Flirt mit dem Ex-Sträfling Wes (Scott Glenn) ein, während Bud mit der dümmlichen Klischee-Blondine Pam (Madolyn Smith) schäkert. Jetzt würde Sissy gerne einlenken und sich mit ihrem Gatten aussöhnen, doch das erlauben weder Buds männlicher Stolz noch die Dramaturgie des Films. Beim Rodeo auf dem mechanischen Stier, bei dem es um 5000 Dollar Preisgeld geht, kommt es schließlich zum Showdown zwischen den Rivalen, aus dem Bud auf allen Ebenen als Sieger hervorgeht: Er gewinnt den Wettkampf, kriegt seine Frau zurück, die eigentlich mit Wes nach Mexiko wollte, und kann selbigen daran hindern, sich das Preisgeld unrechtmäßig unter den Nagel zu reißen. Nachdem ihn Bud zuvor noch so richtig verprügelt hat, weil er nicht nur das Geld stehlen wollte, sondern auch Sissy ein blaues Auge verpaßt hat, wird der Bösewicht in Fesseln zum Sheriff geschleppt.

Auf dem mechanischen Stier: ›*Urban Cowboy*‹

Dünnhäutige Diva

Während der Dreharbeiten zeigte sich Travolta unsicher, nervös und zickig. Besessen von seinem Äußeren, hungerte er sich für die PR-Fotos nur in seiner Phantasie existierende Rettungsringe von den Hüften. Wenn dieser Film wieder ein Flop würde, so ließ er verlautbaren, dann würde er den Beruf wechseln. Am Set in Houston schottete er sich ab, ließ niemanden an sich heran. Selbst Produzent Robert Evans soll Probleme gehabt haben, an den Drehort vorzudringen. Staralüren aus mangelndem Selbstbewußtsein, die Travolta in der Branche schadeten und die ihm auch Regisseur James Bridges übelnahm.

»Die Unsicherheit eines Prominenten läßt sich oft an der

Unsicherheit kaschiert durch Bart?

Größe seines Trosses ablesen, und nach *Saturday Night Fever* galt Travolta zunehmend als verhätscheltes Wesen, das ohne seine Helfer nicht zurechtkam, mit ihnen aber auch nicht erfolgreich arbeiten konnte«, schrieb *People* (24.6.1985). »Als Bridges bei *Urban Cowboy* zum erstenmal mit Travolta zusammenarbeitete und dabei mit Travoltas Troß konfrontiert wurde, wäre er fast aus dem Projekt ausgestiegen. Bridges erinnert sich noch an die Auseinandersetzungen mit Travoltas Gefolge: ›Ich sagte, so kann ich diesen Film nicht machen. Es geht nicht, daß ich erst mit drei Sekretärinnen verhandeln muß, wenn ich mit John sprechen möchte.‹« Erst als Travolta sich dieser Leute entledigt hatte, wurde er auch wieder selbstbewußter. Weil er, wie *People* meinte, von da an seinem eigenen Urteil vertraut habe.

Kurz vor dem Kinostart von *Urban Cowboy* in den USA kehrte Travolta noch einmal an den Ort eines seiner größten Triumphe zurück – zum Chinese Theatre in Los Angeles, wo im Dezember 1977 *Saturday Night Fever* uraufgeführt worden war. Diesmal ging er aber nicht hinein, sondern blieb draußen auf dem Hollywood Boulevard, um hier, wo neben vielen anderen bereits Marilyn Monroe, Humphrey Bogart und John Wayne ihre Spuren hinterlassen hatten, seine Fuß- und Handabdrücke in Beton zu verewigen.

Erfolgreicher Jeans-Promotor

Nun, den Job sollte Travolta wegen *Urban Cowboy* nicht wechseln müssen, aber ein mit *Saturday Night Fever* oder *Grease* auch nur entfernt vergleichbarer Publikumserfolg war dem Film ebenfalls nicht beschieden. Es fällt zugegebenermaßen auch schwer, sich John Travolta als Star und Idol der kleinbürgerlich-konservativen Amerikaner aus dem Süden und Mittelwesten der USA vorzustellen, die traditionell die Mehrheit der Country & Western-Fans ausmachten. Die Disco-Kids, Travoltas eigentliche Zielgruppe, dürften seinerzeit wohl eher Abba gehört haben oder zum gerade in England erfundenen Punk konvertiert sein.

Von den US-Medien wurde *Urban Cowboy* überwiegend positiv aufgenommen. Die *New York Times* kürte ihn gar zum »unterhaltsamsten und einfühlsamsten Film« des Jahres. Auch von der deutschen Presse wurde Travoltas schauspielerische Leistung gewürdigt. Unter der Headline »Nach der kalten Dusche im Schaumbad bekommt Travolta wieder Oberwasser« schrieb M. Schwarzkopf in der *Welt* (12.8.1980): »Wie in *Saturday Night Fever* werden hier zwei Welten konfrontiert, die des Alltags und die des laut lustigen Feierabends. Doch Gesang und Tanz gibt es nur wenig in *Urban Cowboy* – ein paar Country-und-Western-Songs, ein bißchen ›Texan Two-Step‹. Also muß Travolta richtig spielen. Und das tut er mit Nonchalance und einem Hauch von selbstironischem Understatement.«

Nach *Urban Cowboy* war Travolta jedenfalls wieder im Gespräch. Interessante Anfragen und Angebote gingen ein; beispielsweise wurde daran gedacht, *A Chorus Line* auf einen Hauptdarsteller Travolta hin umzuschreiben und neu zu verfilmen. Auch Jane Fonda, die Travolta schon immer bewundert und geschätzt hatte, soll seinerzeit um Zusammenarbeit nachgefragt haben, wie der *Movie Mirror* berichtete (2/1980).

Und Travolta beeinflußte einmal mehr die Trends, machte auch mit *Urban Cowboy* Mode: Laut *Spiegel* (35/1986) verdankte Amerikas Jeansindustrie dem »in *Urban Cowboy* in blaues Drillich gewandeten John Travolta ein Absatzplus von 600 Millionen Stück«. Er selbst hütete die Berufskleidung aus diesem Film wie ein Maskottchen. Zwei Jahre lang habe er ausschließlich die Jeans aus *Urban Cowboy* getragen – er besaß wohl mehr als ein Paar davon. Travoltas Begründung für diese Anhänglichkeit offenbart allerdings deutlich mehr Eitelkeit als Aberglaube: »Das sah auf der Leinwand gut aus, und dann sagst du dir: Jetzt schaue ich mir das noch mal an, und ich sah mich bestätigt, es sieht gut aus. Also denke ich, es ist okay darin rumzulaufen«, erzählte er dem *Playgirl*. (September 1983)

Thriller-Debüt mit *Blow Out*

Mit dem Thriller *Blow Out (Blow out – Der Tod löscht alle Spuren)* wagte sich Travolta 1981 auf neues Terrain. Regie führte wie bereits in *Carrie* Brian De Palma; seine Partnerin Nancy

Geschäfte mit blauem Drillich: ›Urban Cowboy‹

Allen kannte Travolta ebenfalls aus dem Horrorfilm, sie verkörperte damals die unsympathische Chris, die Drahtzieherin
des demütigenden Komplotts gegen Carrie.
Blow out bezeichnet zum einen das Platzen eines Reifens
(oder das Durchbrennen einer Sicherung), zum anderen *(to*

Mit Nancy Allen in ›Blow Out‹

blow someone out) das Töten eines Menschen. Beide Bedeutungen spielen im Film eine Rolle. Travolta spielt den Tontechniker Jack Terri, der seine Brötchen bei einem Produzenten anspruchsloser Horror- und Pornofilme verdient. Eines Nachts ist er unterwegs, um in freier Natur Windgeräusche, Tier- und Vogelstimmen aufzunehmen. Zufällig werden er und sein Mikro Zeuge, wie ein Auto von der Straße abkommt und in den Fluß stürzt. Terri springt wagemutig hinterher und kann die Beifahrerin Sally Bedina (Nancy Allen) aus dem Auto retten. Später erfährt er, daß der Fahrer des Wagens, ein bekannter Politiker namens McRyan, bei dem Unfall ums Leben gekommen ist – eine nicht gerade versteckte Anspielung auf den höchst realen Unfall von Senator Edward Kennedy 1969 auf der Insel Chappaquiddick, bei dem seine Begleiterin ums Leben gekommen ist.

Doch zurück zur Fiktion. In *Blow Out* versuchen interessierte Kreise, die Geschichte bestmöglich zu vertuschen. Dazu müssen natürlich Terri und Sally mit allen Mitteln davon überzeugt werden, daß sie besser daran tun, den Vorfall zu verschweigen. Doch dann findet Terri anhand des Tonmitschnitts heraus, daß dem vermeintlichen Unfall ein Schuß vorausging, der Gouverneur also offensichtlich einem Anschlag zum Opfer gefallen ist. Jetzt will er genau wissen, was passiert ist. Je gründlicher er die Sache recherchiert, um so mehr stößt er auf Widerstand.

Da die offiziellen Ermittler von seiner Mordtheorie nicht zu überzeugen sind, wendet Terri sich schließlich an die Presse, wohl wissend, daß er und Sally sich als Zeugen des Anschlags in großer Gefahr befinden. Als Sally die Beweise für Terris Mordtheorie an einen Journalisten übergeben will, versteckt Terri an ihrem Körper einen Sender, um ihr folgen und sie im Notfall schützen zu können. Doch wie schon einmal in seiner

Ungewohnt, aber überzeugend

Biographie versagt er ohne eigenes Verschulden: Zu spät erreicht er den Tatort und kann nicht mehr verhindern, daß der Killer Sally erdrosselt. Alles, was ihm bleibt, ist ihr Todesschrei, den er in einem Horrorstreifen in einer Duschszene à la Hitchcock als Schreckensschrei verwertet.

Travolta ist in dieser für ihn ungewohnten Rolle durchaus überzeugend, darstellerisch ebenso wie im Umgang mit der Technik. Allerdings ist die Figur ohne Brüche oder Entwicklungen angelegt – Jack Terri ist eindeutig der Gute, scheint weder von Angst noch von Zweifeln geplagt zu werden. Nancy Allen als nicht eben mit Intellekt gesegnete Sally hingegen karikiert ihre Darstellung (im Original wie auch in der synchronisierten Fassung) durch eine überzogen dümmliche Sprache und eine gräßliche Quietschtonlage bis zur völligen Unglaubwürdigkeit.

De Palma, der auch das Drehbuch schrieb, weiß seine Geschichte spannend zu erzählen und effektvoll in Szene zu setzen. Überraschend und originell sind die Eröffnungs- und die Schlußszene – obwohl oder vielleicht gerade weil De Palma hier einmal mehr Altmeister Hitchcock zitiert. Über die Handlung darf man allerdings nicht allzu genau nachdenken, denn so ganz logisch ist die Entwicklung nicht. Unklar bleibt, warum der Killer gegen den Willen seines Auftraggebers den Politiker umgebracht hat, statt ihn nur aus dem Verkehr zu ziehen. Ebenso bleibt völlig im dunkeln, wer überhaupt die Fäden zieht und damit für den Mordfall und die folgende Entwicklung verantwortlich ist.

De Palma, der Meisterdieb

Blow Out wurde insgesamt von der Kritik mehr geschätzt als vom Publikum. »De Palmas bester Film – der einzige, in dem er sich ganz zu seinem Pessimismus bekennt – und Travoltas schwärzester«, jubelte *Entertainment Weekly* im September 1994 in einer Gesamtwürdigung aller Travolta-Filme vor *Pulp Fiction*. Und für Quentin Tarantino gehörte der Film schon immer zu den drei Top-Favoriten seiner ständig wechselnden Bestenliste.

Aber es gab auch andere Stimmen. Dem *Motion Picture Guide* war *Blow Out* nicht einen einzigen Stern wert: »De Palma, der schlimmste Hitchcock-Dieb unter allen Regisseuren, hat uns mit *Blow Out* einen seiner albernsten und schlechtesten Filme vorgestellt. Inzwischen ist *Blow Out* zwar von *Dressed to Kill* und *Body Double* an Dummheit und Gewalttätigkeit noch übertroffen worden, aber *Blow Out* – diesmal kein Hitchcock-Plagiat, sondern eher ein Antonioni-Klon (*Blow Up*, 1966) – ist der dümmlichste Film des Jahres 1981. De Palma ist ein guter Kameramann (oder vielleicht ist das Zsigmonds Verdienst), denn alle seine Filme wirken optisch besser, als sie sind. Wann werden De Palma und Colin Higgins den armen Hitchcock endlich zufriedenlassen? Hitch wurde durch seine Originalität zum Starregisseur. De Palma und Higgins sprechen von Hommagen an den großen Alfred, aber was sie machen, ist offenkundig zu kopieren, bis zum Exzeß. Wenn Ihnen jemand *Blow Out* auf Video schenkt, sollten Sie den Film umgehend löschen und *Bambi, Citizen Kane* oder *Duel in the Sun* darüberspielen – irgend etwas jedenfalls, womit De Palma nichts zu tun hat.«

Selbstzufrieden

Travolta selbst zeigte sich mit *Blow Out* und seiner eigenen Leistung in dem Film zufrieden: »Für mich war der Film ein Erfolg. Es ist ein intelligenter Film, meine Rolle war gut, und Regie führte Brian De Palma, den ich sehr mag. Meine Rolle in *Blow Out* ist meiner eigenen Persönlichkeit sehr ähnlich, wogegen die Rollen in *Saturday Night Fever* und *Grease* reine Erfindungen waren. In *Blow Out* durfte ich endlich einmal selbst Interesse an etwas zeigen und mußte nicht immer nur interessant sein.« (*Rolling Stone,* August 1983) Mit der Bewertung des Films durch die Filmkritik stimmte er nicht überein, *Blow Out* sei leider schlechter weggekommen, als es der Film verdiente, befand er noch 15 Jahre später (*Rolling Stone,* Februar 1996).

Der wirtschaftliche Erfolg des Films hielt sich zwar in Grenzen, aber Travolta zeigte sich auch mit den Zuschauerzahlen zufrieden. Schließlich sei *Blow Out* von Anfang an nicht für ein

›Meiner eigenen Persönlichkeit sehr ähnlich‹: in ›Blow Out‹

Massenpublikum gedacht gewesen und von einem kleinen Produzenten ohne großen PR-Aufwand produziert worden – gemeint sind Filmways Pictures, die damals gerüchteweise kurz vor dem Konkurs standen. Laut Travolta war *Blow Out* in den USA der zumindest bis 1983 erfolgreichste Polit-Thriller überhaupt (*Blickpunkt Film*, 10.11.1983).

Warten auf Truffaut

Im Frühjahr 1982 trennte sich Travolta von seinem langjährigen Manager (und Förderer) Bob LeMond und wechselte zur Creative Artist Agency. Das war für Travolta ein ziemlicher Einschnitt, denn immerhin hatte er seit seinem 16. Lebensjahr bei LeMond unter Vertrag gestanden.

Blow Out schien Travoltas Ambitionen, sich als Charakterdarsteller durchzusetzen, neuen Auftrieb gegeben zu haben. Doch abgesehen davon, daß Hollywood ihn längst in einer anderen Schublade verstaut hatte, wurden dort Anfang der achtziger Jahre entsprechend anspruchsvolle Projekte verwirklicht. Bis Mitte der achtziger Jahre produzierte man fast ausschließlich für das Massenpublikum. Vielleicht glaubte sich Travolta deshalb mit seinen diesbezüglichen Wünschen in der Alten Welt besser aufgehoben. Als er 1982 zur Vorstellung des Films in Paris weilte, meldete die *Bunte* jedenfalls (5.4.1982): »Auslöschen will John seine Karriere als Tingelstar. Ernstere Rollen sollen es ab sofort sein. Sein Traum: Einmal unter Frankreichs Filmemacher François Truffaut spielen. John geht dafür ganz konsequent vor: Er hat sich in Paris seßhaft gemacht, will ein Haus kaufen im Vorort Bougival und wartet nun auf Truffauts Angebot.«

Ob Truffaut sich nicht meldete oder woran die Zusammenarbeit sonst gescheitert sein könnte, ist nicht bekannt. Allzu lange scheint sich Travolta aber nicht an der Seine aufgehalten zu haben, denn noch im selben Jahr drehte er in den USA unter der Regie von Sylvester Stallone *Staying Alive*.

Alte Bekannte

Mit *Staying Alive* und *Two of a Kind* versucht John Travolta
an seine großen Erfolge anzuknüpfen

Staying Alive – nach den eher moderaten Erfolgen seiner letzten drei Filme klang der Titel des neuen Travolta-Projekts fast trotzig. Natürlich ging es für Travolta nicht tatsächlich ums Überleben, weder materiell noch als Schauspieler. Doch als Beschwörung einer ruhmreichen Zukunft des John Travolta läßt sich der Titel durchaus interpretieren. Schließlich war *Staying Alive* auch der Bee-Gees-Song, zu dessen Klängen John Travolta alias Tony Manero in glücklicheren Tagen durch Brooklyn stolziert war, in seinem ersten großen Filmerfolg *Saturday Night Fever*. Der neue Film sollte nun diese Geschichte fortsetzen – die von Tony Manero ebenso wie die von Travoltas Erfolg.

Lange hatte Travolta sich dagegen gewehrt, eine Fortsetzung von *Saturday Night Fever* zu drehen. Er könne zwar viel Geld damit verdienen, aber künstlerisch habe er die Rolle ausgereizt, sagte er im Dezember 1978 dem *Playboy*. Doch künstlerisch wählerisch zu sein, konnte oder wollte der fallende Stern sich jetzt wohl nicht mehr leisten. Außerdem lockte ihn die Aussicht, diesen Film ganz nach den eigenen Vorstellungen gestalten zu können: »Das Studio wollte eine Fortsetzung von *Saturday Night Fever,* und Produzent Robert Stigwood offerierte mir totale künstlerische Freiheit. Regisseur, Musik, Story – ich konnte mir alles aussuchen. Das war ein großer Anreiz. Ich sah damals im Kino *Rocky III,* liebte diesen Film und wollte Sylvester Stallone von da an unbedingt als Regisseur gewinnen. Wir trafen uns, diskutierten einen Monat lang, welcher Film das werden sollte. New York, Broadway, schöne Frauen, Tanz, das war's. Zwar verwendeten wir auch diesmal Musik der Bee Gees, aber die Jazz- und Ballettsachen wurden von Fred Stallone, Sylvesters Bruder, dazukomponiert. Sly stellte mir nur eine einzige Bedingung: ›Bau deinen Körper neu auf!‹« (*Blickpunkt Film,* 10.11.1983)

Muskelbepackte Statue

Genau das machte Travolta dann auch. Er stellte seine Ernährung um und schindete sich ein halbes Jahr lang sechs Tage in der Woche im Kraftraum. Einschließlich des Tanz-

»Der Sex ist besser«: als Muskelmann in ›Staying Alive‹

trainings war er bis zu 14 Stunden täglich mit seinem Körper beschäftigt. Was die Optik angeht, ein lohnendes Unterfangen: Muskulös und gestählt »wie ein griechischer Gott, schön wie eine antike Statue und elegant wie eine Katze« (Stallone), entstieg Travolta nach der schweißtreibenden Rundum-Erneuerung der Folterkammer. Kritiker bemängelten allerdings, das Training habe aus Travolta ein Muskelpaket gemacht, was seiner Erscheinung und Leistung als Tänzer eher geschadet habe. Travolta jedoch fühlte sich wohl in seiner neuen Haut und verkündete, es ginge ihm phantastisch: »Man ist schneller im Kopf, wird nicht so leicht krank, und« – ein typisches Kokettieren mit seinem Image als Sexsymbol – »auch der Sex ist besser. Sie können länger. Die Ausdauer steigert sich, die Lust, der ganze Körper ist einbezogen.« (*Stern,* 42/83) Vor dem Training hingegen sei er in lausiger Verfassung gewesen: »Ich hatte eine Fettrolle um die Taille und war aufgedunsen. Mein Haar war trocken und splissig. Meine Haut war schlecht. Ich fühlte mich so schlecht, daß ich mir dachte, ich mach's wie Muhammad Ali und reiß mich zusammen.« Trotzdem standen für ihn Fitneß und Körperkult nur an zweiter Stelle. »Für mich war das Wichtigste in *Staying Alive* mein Tanzen. Für Sly (Stallone) war es mein Körper. Es ging, glaube ich, 50 zu 50 aus.« (Beide Zitate aus *Photoplay,* September 1985)

Gefühlsarmer Sportpartner

Tony Manero, inzwischen nach Manhattan übergesiedelt, ist immer noch der großmäulige, leicht überhebliche Frauenheld, den wir bereits aus *Saturday Night Fever* kennen – statt menschlich reifer scheint ihn das Leben im nobleren Viertel eher noch rücksichtsloser gemacht zu haben. »Ich will dir mal was sagen, mein Junge, mit egoistischen Typen wie dir hat man keine Beziehung, mit denen treibt man höchstens Sport«, kontert ein Mädchen schlagfertig, als Tony ihr arrogant erklärt, aus Karrieregründen keine Zeit für eine tiefgehende Beziehung zu haben.

Seinen Lebensunterhalt verdient Tony mit Tanzunterricht und als Kellner in einer Diskothek, im übrigen hofft er auf den

Mit Finola Hughes in ›Staying Alive‹

großen Durchbruch. Er tanzt bei zahlreichen Produktionen vor und bewirbt sich bei den einschlägigen Agenturen, um einen Job zu ergattern. Doch außer Absagen bringt ihm das zunächst nichts ein.

Durch Jackie (Cynthia Rhodes), zu der er eine lockere Liebesbeziehung pflegt, lernt Tony die erfolgreiche Tänzerin Laura (Finola Hughes) kennen. Die verbringt zwar eine Nacht mit ihm, läßt sich seine Eifersucht und seine Besitzansprüche jedoch nicht bieten. Etwas hilflos pendelt Tony in der Folgezeit zwischen den beiden Frauen hin und her, immer bemüht, die Kontrolle über beide zu behalten: Kommt er von der einen, versucht er umgehend herauszufinden, was die andere in der Zwischenzeit getrieben hat. Als vorübergehend beide die Nase von ihm voll haben, sucht er, wie sich das für einen guten Italiener gehört, Trost bei seiner Mama und schenkt ihr bei dieser Gelegenheit gleich eine Karte für seinen ersten Auftritt als Tänzer.

Denn inzwischen hat er sein erstes Engagement bekommen. In der Show *Satan's Alley* darf Tony ebenso wie Jackie im Jazzballett-Ensemble mitwirken. Die weibliche Solonummer tanzt Laura. Als Tony während der Proben merkt, daß der Regisseur mit der Besetzung der männlichen Hauptrolle nicht besonders glücklich ist, überredet er Jackie, diesen Part mit ihm einzustudieren. Als er glaubt, die Rolle zu beherrschen, bittet er den Regisseur, ihm eine Chance zu geben. Er tanzt vor und bekommt die Rolle.

Der Tag der Premiere naht. Von Szene zu Szene wird Tony tänzerisch selbstbewußter, im Finale schleudert er Laura außerplanmäßig in die Kulissen und legt – wie schon in *Saturday Night Fever* – eine Solonummer hin. Erst danach holt er seine wütende Partnerin für die Schlußpose zu sich aufs Podest, um gemeinsam mit ihr aus den Tiefen der Hölle in den Himmel aufzufahren. *Satan's Alley* wird natürlich ein Riesenerfolg. Tony bedankt sich bei Jackie für ihre Hilfe und stolziert – ein letztes Zitat aus *Saturday Night Fever* – selbstbewußt und optimistisch allein und zum Titelsong *Stayin' Alive* durch die Straßen von New York.

Profitables Delirium

Musikalisch ist *Staying Alive* eine heißere, punkigere Version von *Saturday Night Fever:* »Stallone steigerte die Temperatur von *Saturday Night Fever* zu einer Art Saturday Night Delirium«, meinte der amerikanische Kritiker Harlan Kennedy treffend. Tänzerisch ist der Film Travolta-Körper-Kult pur, Szenerie für seinen gestählten, gebräunten Body, der schon nach leichtem Aufwärmtraining mit glänzendem Schweiß überzogen ist. Laser, Nebelmaschinen und Lichttechnik setzen die Tanzenden und natürlich vor allem den halbnackten Travolta effektvoll in Szene.

Doch anders als der Disco-Tanz in *Saturday Night Fever* war das, was Travolta & Co. da auf der Bühne zeigten, für Otto Normalverbraucher nicht zur Nachahmung zu empfehlen – sicherlich einer der Gründe, warum *Staying Alive* nicht zum Tanz-Kultfilm wurde.

Um seine Darsteller zu schonen und teure Drehtage zu sparen, bediente sich Stallone für das aufwendige Finale eines technischen Tricks. Er ließ die Show von mehreren Kameras aus unterschiedlichen Perspektiven filmen und die Bilder später am Schneidetisch montieren.

Mit *Staying Alive* zitierte Travolta übrigens nicht nur seine glorreiche *Saturday Night*-Vergangenheit, sondern lieferte während der Dreharbeiten sozusagen einen Hinweis auf eine mindestens ebenso erfolgreiche Zukunft: Wie der *Stern* im Oktober 1983 berichtete, ging Travolta, als ihm in Stallones Büro seine beiden Filmpartnerinnen vorgestellt wurden, vor Cynthia Rhodes auf die Knie und massierte ihr die Füße – elf Jahre später sollte er als Vincent Vega in *Pulp Fiction* ausgiebig über das Thema Fußmassage und dessen erotische Bedeutung schwadronieren.

Trotz vernichtender Kritiken wurde der Film ein kommerzieller Erfolg, auch wenn die Einspielergebnisse nicht an die von *Saturday Night Fever* oder *Grease* herankamen. Den Produktionskosten von rund 15 Millionen Dollar standen allein in den USA über 60 Millionen Dollar Einnahmen gegenüber. Als gelehrigem Stigwood-Schüler war es Travolta zudem ein leichtes, auch über seine Gage hinaus an *Staying Alive* zu verdienen: Passend zum Film brachte er gleich ein Fitneßbuch sowie eine Sport-, Freizeit- und Tanzmoden-Kollektion auf den Markt (*Stern,* 42/1983).

Intellektuell anspruchslose Jugend

»Ich bin stolz auf *Staying Alive,* die Figur des Tony Manero hat sich weiterentwickelt – beruflich und emotional«, sagte John Travolta im September 1985 der Zeitschrift *Photoplay.* Der Film sei zwar inhaltlich nicht so gut wie *Saturday Night Fever,* aber es mache einen Höllenspaß, ihn anzuschauen (*Rolling Stone,* 2/1996). Daß *Staying Alive* als allzu oberflächlich kritisiert wurde, nahm er gelassen, ebenso wie die zarte Anspielung der *Stern*-Reporterin Eva Windmöller auf Travoltas nicht gerade überentwickelten Intellekt: *Staying Alive* sei eben mehr ein Film für junge Leute. Im übrigen wären die sechziger und siebziger Jahre intellektuell genug gewesen. Jetzt zu Beginn der Achtziger besinne man sich halt wieder mehr auf die menschlichen Grundbedürfnisse wie Arbeiten, Essen und Liebe. »In besseren politischen und wirtschaftlichen Zeiten können wir wieder intellektueller werden. Jetzt nicht.« (*Stern,* 42/1983).

Und weil es ja ganz gut gelaufen war, dachte er jetzt sogar öffentlich über eine weitere filmische Fortsetzung der Geschichte des Tony Manero nach: In der nächsten Folge könnte Tony sich zum Choreographen gemausert haben. Als solcher ginge er dann nach Hollywood und würde in die Filmbranche einsteigen. Vor allem unterhaltsam müßte die Story sein, der psychologische Gehalt sei weniger wichtig (*Photoplay,* September 1985).

Wenig überzeugende Retter der Menschheit

Während also *Staying Alive* an eine ehedem erfolgreiche Story anknüpfte, setzte John Herzfeld in Travoltas nächstem Film ganz auf personelle Kontinuität. Für *Two of a Kind (Zwei vom gleichen Schlag)* holte man 1983 noch einmal das *Grease*-Erfolgsduo, John Travolta und Olivia Newton-John, gemeinsam vor die Kamera. Doch was bei *Staying Alive* zumindest unter kommerziellen Gesichtspunkten noch halbwegs gelungen war, nämlich aus bewährten Zutaten ein neues Gericht zu bereiten, sollte diesmal überhaupt nicht funktionieren. Das ist allerdings den beiden Hauptdarstellern nur bedingt anzulasten. Man

Höllenspaß: ›Staying Alive‹

fragt sich allerdings, was die beiden wohl bewogen haben
könnte, in dieser ebenso kitschigen wie anspruchslosen Komödie mitzuwirken.

Gott macht Ferien von seinem aufreibenden Job, und seine
Engel vertreiben sich derweil die Zeit beim himmlischen Golfspiel. Indes geht es mit der Erde kontinuierlich bergab, die
Menschheit verfällt zunehmend dem Einfluß des Bösen. Nach
25 Jahren aus seinem Kurzurlaub zurückgekehrt, beschließt
Gott, dem unguten Treiben ein Ende zu bereiten und die Menschen zu vernichten. Doch die Engel versuchen ihn zu überzeugen, daß die Menschheit so schlecht nicht sei. Und so ge-
währt der Herr noch einmal Aufschub: Wenn sich innerhalb
einer Woche zwei Menschen finden lassen, die bereit sind, sich
füreinander zu opfern, soll die Krone der Schöpfung verschont
werden.

Erfolgsduo: Publicity-Foto mit Olivia Newton-John

Die Wahl fällt ausgerechnet auf den erfolglosen Erfinder Zack (John Travolta) und die Möchtegern-Schauspielerin Debbie (Olivia Newton-John). Zack hat Schulden und wird von Geldeintreibern bedroht. Um sich aus dieser prekären Lage zu befreien, versucht er sich als Bankräuber. Doch Debbie, die in der Bank jobbt und ebenfalls permanent pleite ist, trickst ihn

Happy-End für den Fortbestand: ›Zwei vom gleichen Schlag‹

aus und schnappt sich die Beute. Erbost kreuzt Zack bei ihr auf, und im Streit um das Geld kommen beide sich näher. Inzwischen wird Zack nicht nur von seinen Gläubigern gejagt, sondern zudem wegen des Bankraubs von der Polizei gesucht. Doch nicht nur die irdischen Mächte sorgen für Turbulenzen, auch die anderen mischen kräftig mit. Während der Satan in Gestalt eines Mister Beazley (Oliver Reed) den Erwählten mit Störmanövern zu schaden sucht, sind die Engel ständig bemüht, die Geschichte zu einem guten Ende zu bringen. Zunächst mit einigem Erfolg, denn wenn etwas schiefläuft, spulen sie die Handlung einfach wie einen Film zurück. Dann aber untersagt der Herr ihnen solcherlei Mißbrauch ihrer Kräfte, und sie müssen den Dingen ihren irdischen Lauf lassen.

Schließlich werden Debbie und Zack verhaftet, und Debbie besteht als erste ihre Bewährungsprobe: Sie zeigt sich bereit, für Zack ins Gefängnis zu gehen. Der aber vertraut ihr noch zu wenig und läßt sich im Verhör von einem der Polizisten reinlegen. Doch als Mister Beazley in Gestalt eines Gangsters Debbie als Geisel nimmt, riskiert er sein Leben, um sie zu retten. In einer sentimentalen Schlußszene wird er zunächst erschossen, dann aber auf wundersame Weise wie weiland Lazarus wieder zum Leben erweckt. Damit steht dem Happy-End und dem Fortbestand der Menschheit nichts mehr im Wege.

Unbeachteter Flop

Die Grundidee des Films ist nicht eben originell und wurde bereits entschieden pfiffiger umgesetzt, beispielsweise 1977 in dem satirisch-romantischen Märchen *Heaven Can Wait (Der Himmel soll warten)* mit Warren Beatty und Julie Christie. Entwicklung und Ende von *Two of a Kind* sind absehbar, die Gags überwiegend anspruchslos und albern. Der Umgang mit der religiösen Thematik ist gewollt flapsig und streckenweise peinlich: Gott als pragmatischer Zyniker – »Bei der Neuschaffung der Erde werde ich Hawaii etwas näher ans Festland legen« – oder das Halleluja aus dem *Messias* als Hintergrundmusik für das Golfspiel der Engel, da sträuben sich gelegentlich auch dem überzeugten Atheisten die Nackenhaare.

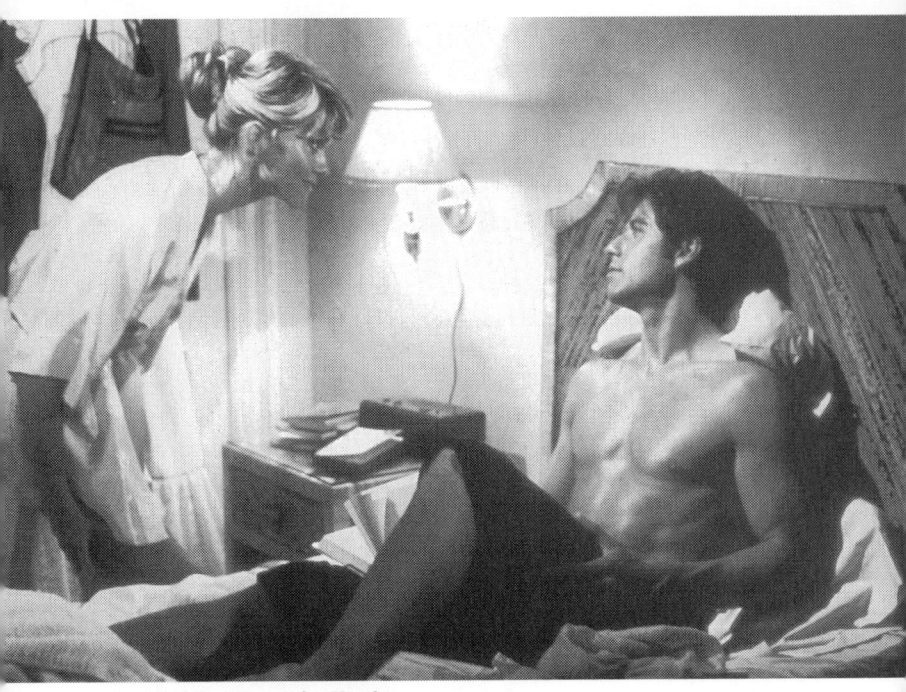

Kein Erfolg: ›Two of a Kind‹

Two of a Kind gedieh zum kompletten Flop, in den USA ebenso wie hierzulande. Die öffentliche Anteilnahme daran war allerdings weitaus geringer als seinerzeit im Falle von *Moment By Moment*. Travolta war zwar immer noch ein Star, doch daß nicht jeder seiner Filme ein Kassenschlager wurde, daran hatte man sich offensichtlich inzwischen gewöhnt.

Wie schon zuvor nach wenig erfolgreichen Filmen, kaufte Travolta sich ein neues Flugzeug, reiste damit durch die Weltgeschichte und lernte so Europa und Nordafrika näher kennen. Selbstzweifeln und Resignation begegnete er, inzwischen 29 Jahre alt, mit Blick auf das Erreichte, richtete sich an vergangenen Erfolgen auf. »Es hilft mir im Alltag, auf meine Erfolge zurückzublicken: ›Hey John, schau auf das, was du erreicht hast. Führ dir vor Augen, wo du herkommst und wo du heute bist. Denk an die Leute, die du kennst, und an deinen Lebensstil, an die Projekte, die du gemacht hast, und an die gesellschaftliche Wirkung deiner Arbeit.‹« (*Rolling Stone,* August 1983)

Zudem schienen Gegenwart und Zukunft trotz des Mißerfolgs von *Two of a Kind* so finster nicht. Als nächster Film stand *Fire* unter der Regie von Brian De Palma auf seinem Terminplan. Die Geschichte von Jim Morrison, dem bereits 1971 verstorbenen und zur Rocklegende avancierten Sänger und Texter der Doors, schien alle Voraussetzungen für einen Filmerfolg zu erfüllen. Travolta hatte sich auf eine erneute Zusammenarbeit mit De Palma ebenso wie auf die Rolle gefreut und war dementsprechend tief enttäuscht, als das Projekt platzte.

Auf Dauer wollte sich Travolta allerdings nicht auf die Schauspielerei beschränken. Schon länger trug er sich mit Plänen, einmal selbst Regie zu führen. Eine Liebesgeschichte, ein Fliegerfilm und dann ein Musical standen auf seinem Regie-Wunschzettel.

Zunächst aber tat sich wenig, auch für den Schauspieler. Travolta schien vorübergehend auf dem Abstellgleis gelandet zu sein. Fast zwei Jahre sollten vergehen, bis der nächste Travolta-Film in den Kinos anlief. Zeit genug also, sich den banalen Dingen des Lebens zu widmen, beispielsweise dem Problem des Älterwerdens. Im Februar 1984 wurde Travolta 30; für ihn, der sich mal wie der ewige Knabe, dann wieder wie ein alter Mann fühlte, ein janusköpfiger Festtag. Ursprünglich hatte er geplant, seinen Geburtstag ausgiebig zu begehen: »Ich wollte mit meinem Flugzeug in verschiedene Städte fliegen und in jeder Stadt ein Fest geben.« (*People,* 24.6.1985) Kurz vor seinem Ehrentag überlegte Travolta es sich dann anders. Einem plötzlichen Sinneswandel folgend, feierte er in kleinem Kreis auf seiner Ranch in Santa Barbara.

Ausflug in die Journaille

Auch *Perfect* bringt nicht das erhoffte Comeback

Mit dem vielversprechenden Titel *Perfect* meldete sich Travolta 1985 auf der Leinwand zurück. Regie führte James Bridges, mit dem er schon *Urban Cowboy* gedreht hatte. Doch während Travolta *Urban Cowboy* seinerzeit zum Prüfstein für seine weitere Karriere als Schauspieler hochstilisiert hatte, ging er *Perfect* nun deutlich gelassener an. Er setzte sich zwar ein Stück weit selbst unter Druck, wollte unbedingt eine gute Leistung abliefern (*Rolling Stone,* Juli/August 1985). Andererseits aber war ihm klargeworden, daß Erfolg oder Mißerfolg eines einzelnen Films nicht von existentieller Bedeutung sind. Diese Erkenntnis habe ihn ruhiger gemacht (*People,* 24.6.1985).

In *Perfect* spielte Travolta, der Wellenreiter, einen Reporter des Magazins *Rolling Stone,* der in der Aerobic-Szene recherchiert und die Rolle der Fitneßclubs als Partnermarkt der achtziger Jahre untersucht. Damit griff der Film – wie bereits eine Reihe anderer Travolta-Filme zuvor – einen seinerzeit aktuellen Trend auf. Aber auch inhaltlich hatte sich Travolta nur unwesentlich von seinem Ausgangspunkt entfernt, denn es ist nur ein kleiner Schritt von Disco-Tanz zu Aerobic: Das Geschehen in den Fitneßclubs ist ebenso narzißtisch wie in der Disco-Szene, und Aerobic ist zudem ein quasi standardisierter Tanz zu eingängiger, rhythmischer Musik.

Mit der Rolle des Reporters allerdings betrat Travolta echtes Neuland, doch er selbst hielt sich für geradezu prädestiniert für diesen Part – schließlich gehöre er zu den am häufigsten interviewten Persönlichkeiten in Hollywood. Und so habe er reichlich Gelegenheit gehabt, Reportern bei ihrer Arbeit auf die Finger zu schauen. Gleichwohl bereitete er sich mit der für ihn typischen Akribie auf die Rolle vor. Er verbrachte viel Zeit mit den Journalisten des *Rolling Stone,* beobachtete sie und ihre Arbeit und nahm an Redaktionskonferenzen teil.

Regisseur James Bridges hatte seinem Hauptdarsteller vor Beginn der Dreharbeiten ein Notebook geschenkt, das Travolta für sein Rollenstudium rege nutzte. Nach einigen Fingerübungen unter Ausschluß der Öffentlichkeit verfaßte er einen Artikel über den neuen Film, in dem er seine Kollegen und Kolleginnen porträtierte und von sich selbst, seinen Gedanken und Wünschen erzählte. Dieser Artikel wurde im *Rolling Stone* (Juli/August 1985) veröffentlicht.

Was Travolta da über sich selbst aussagt, ist voller Witz und Selbstironie: »Auf den ersten Blick könnte man John Travolta für eine Neandertal-Ausgabe von Warren Beatty halten. Auf Menschen, die ihn nicht kennen, wirkt er vielleicht nicht besonders gescheit und leicht unterbelichtet. Doch das trügt. Er ist ein echtes Chamäleon, und das in einem beängstigenden Maß: Sein Einfühlungsvermögen in andere Menschen ist so groß, daß er in ihre Haut schlüpft, auch wenn ihm das nicht immer bewußt ist. Selbst wenn ihm seine Rollen Eigenschaften abverlangen, die mit seiner Bildung und Erziehung nicht übereinstimmen, schafft er es, das Beste daraus zu machen. Ist er demnach ein Mensch ohne Seele, der nicht in geweihter Erde begraben werden dürfte? Oder ist er nur klüger als seine Rollen? Manchen Menschen fällt alles zu, während andere an sich arbeiten und ihre Begabung entwickeln. Bei Travolta hat man das Gefühl, daß seine Empfindungen eine ständige Bedrohung für sein Bewußtsein darstellen und daß er davon nicht loskommt. Es gibt diesen John, der nicht besonders gescheit ist, und deshalb spielt er solche Rollen so gut. Aber das ist letzten Endes nur ein Teil von ihm. Deshalb Vorsicht, wann immer er auftaucht.«

Unwiderstehlich unnahbare Partnerin

Travoltas Partnerin in *Perfect* war Jamie Lee Curtis, die bis dahin vor allem als kreischender Teenie in Horrorfilmen wie *Halloween* und *Road Games* auf sich aufmerksam gemacht hatte. Als Tochter der Schauspieler Tony Curtis und Janet Leigh 1958 in Los Angeles geboren, ist Jamie Lee Curtis ein echtes Hollywood-Gewächs. Sie begann ihre Karriere mit kleinen Rollen in verschiedenen Fernsehserien wie *Charlie's Angels (Drei Engel für Charlie)* und *Operation Petticoat (Ein-*

satz Petticoat) und schaffte 1978 mit der Hauptrolle in John Carpenters *Halloween (Halloween – Die Nacht des Grauens)* ihren Durchbruch beim Film. In dem erwähnten Artikel im *Rolling Stone* beschäftigte sich Travolta auch mit Jamie Lee Curtis und bewies dabei seine genaue Beobachtungsgabe: »Jamies Persönlichkeit ist sehr komplex. Nach außen zeigt sie sich abweisend und unnahbar. Aber sie hat auch eine sehr kindliche Seite, und die ist unwiderstehlich. Ihre verführerischen Talente sind höchst wirkungsvoll. Allein damit könnte sie Berge versetzen.«

Ausgerechnet als Jamie Lee Curtis ins Studio kam, um für die Rolle der Jessie vorzusprechen, sei auch Debra Winger, Travoltas Partnerin in *Urban Cowboy,* dort aufgekreuzt, berichtete Travolta. Und wenn seine Eitelkeit ihm hier nicht den Blick verstellt hat, dann hat Debra Winger sich ziemlich biestig benommen, ließ Jamie Lee Curtis links liegen und machte es sich

Mit Jamie Lee Curtis in ›Perfect‹

auf Travolta bequem, als ob sie signalisieren wollte: »Das ist mein Territorium.«

Doch diese Demonstration war offensichtlich vergebens. Travolta beschäftigte sich zu Beginn der Dreharbeiten mit der Frage, ob Jamie Lee mit ihm schlafen wollte. Er selbst war wohl nicht abgeneigt, empfand aber die Signale, die er von ihr empfing, als widersprüchlich. Mit Debra Winger habe er seinerzeit mit diesem Schritt bis nach Abschluß der Dreharbeiten gewartet, denn er habe wissen wollen, ob es ihr um ihn als Person und nicht nur um eine Vertiefung des Rollenspiels ginge. »In bezug auf Jamie habe ich das Gefühl, sie möchte, daß es echt ist, sich aber über den richtigen Zeitpunkt nicht klar ist. Ich selbst fühle mich wohler, wenn ich beim ersten Mal von einer Frau verführt werde, aber das weiß sie nicht. Vielleicht erwartet sie, daß ich die Initiative ergreife. Ich weiß es nicht. Vielleicht sollte ich sie fragen.«

Körperkult und Wirtschaftskrimi

Adam Lawrence (John Travolta) ist Journalist. Vom undankbaren Job des Nachruf-Verfassers beim *Jersey Journal* hat er sich zum Star-Reporter des renommierten Magazins *Rolling Stone* hochgearbeitet. Sein Berufsethos ist zweischneidig. Einerseits hat er weitgehend das Motto seines Chefredakteurs Mark Roth (gespielt von Jann Wenner, auch im wirklichen Leben Herausgeber des *Rolling Stone*) verinnerlicht, der ihm in einer Szene sein journalistisches Credo vorbetet: »Mach dich an Jessie (Jamie Lee Curtis) ran, solange du recherchierst. Aber wenn du dich zum Schreiben hinsetzt, vergiß, daß sie eine Seele hat.«

Aus Adams eigenem Mund klingt das allerdings weniger rücksichtslos: »Mach aus jedem Interview eine Verführung« ist sein Grundsatz. Also umgarnt er seine Opfer und balzt sie – sofern weiblichen Geschlechts – skrupellos an. Wenn er, nachdem er mit Jessie geschlafen hat, zerknirscht verkündet, nun habe er die wichtigste Regel des Journalismus verletzt, denn jetzt könne er ja nicht mehr objektiv sein, ist das pure Koketterie. Andererseits hat sich dieser Zyniker einen Rest von Pfadfindergeist bewahrt – wenn er sein Wort gibt, möchte er bitte schön auch ernst genommen werden.

Adam will unbedingt ein Interview mit dem Industriellen Joe McKenzie (Kenneth Welsh) haben, der in Drogengeschäfte verwickelt sein soll. Doch McKenzie schottet sich gegen die Presse ab, und als er sein Interview in New York nicht bekommt, fliegt Adam McKenzie nach Los Angeles hinterher, wo dieser sich einer Anhörung stellen muß. Um seinem Chefredakteur die Genehmigung der Reisekosten zu versüßen, bietet Adam an, außerdem eine Reportage über die Fitneßclub-Szene in Kalifornien zu verfassen.

In Los Angeles nimmt Adam Kontakt zu McKenzie auf, der sich aber erneut weigert, ein Interview zu geben. Doch Adam ist hartnäckig, und schließlich – wieder in New York – erzählt ihm McKenzie in einem langen Gespräch seine Version der Geschichte: Um sein Unternehmen vor dem drohenden Konkurs zu retten, habe er versucht, die von ihm produzierten Computer in den Ostblock zu verkaufen. Deshalb bemühten sich jetzt irgendwelche ominösen Regierungsstellen, ihm Drogengeschäfte anzuhängen und ihn so kaltzustellen. Das Interview wird in Ausschnitten veröffentlicht und macht Furore. Aufgeschreckt verlangt Chefredakteur Mark Roth von Adam den Mitschnitt des Interviews, um das Magazin nötigenfalls rechtlich abzusichern. Doch weil er es McKenzie versprochen hat, verweigert Adam die Herausgabe der Bänder – nicht nur seinem Chefredakteur und den Anwälten des Magazins, sondern auch den ermittelnden Behörden.

Parallel dazu beschäftigt Adam sich wie erwähnt mit der Fitneßwelle und der Funktion der Health-Clubs als Partnermarkt der achtziger Jahre. Er lernt die Aerobic-Trainerin Jessie kennen, die im Club *The Sport's Connection* arbeitet. Sie scheint ihm die richtige Ansprechpartnerin für das Thema, ist sie doch nicht nur die beliebteste Vorturnerin des Clubs, sondern zudem äußerst attraktiv. Jessie ist zunächst höchst mißtrauisch, denn sie hat mit Journalisten bisher nur schlechte Erfahrungen gemacht: Jahre zuvor hatte sich ein Reporter an sie herangemacht, vorgeblich, um sie, die junge Leistungsschwimmerin, zum amerikanischen Boykott der Olympischen Spiele in Moskau zu befragen. Dann aber hatte er ihre angebliche Affäre mit einem Trainer an die Öffentlichkeit gezerrt. Doch erliegt auch sie dem Meister der Verführung, und obwohl Adam sie immer wieder reinlegt, beispielsweise gegen ihren erklärten Willen das Aufnahmegerät mitlaufen läßt, beginnt sie ihm zu vertrauen. Während eines gemeinsamen Ski-Ausflugs in die High Sierra erzählt sie ihm dann ihre Geschichte.

Allerdings hat auch Adam an Jessie inzwischen mehr als nur berufliches Interesse gefunden. Deshalb beschließt er, sie aus seiner Story herauszuhalten. Statt dessen schreibt er, wie ursprünglich geplant, eine Geschichte über Liebe und Sex im Fitneßclub. Seine Opfer sind Linda und Sally, die sich ihm eitel und voller Naivität anvertrauen. Auf der Jagd nach körperlicher Perfektion und menschlicher Zuwendung trainieren die beiden Frauen regelmäßig im Club. Sally scheint mit dem Stripper Roger bereits den perfekten Lebenspartner gefunden zu haben, während Linda sozusagen noch in der Warteschleife ist und sich derweil mit einigen ihrer gutgebauten Trainingspartner vergnügt. Welch hübsche Konstellation für eine zynische Story über die sexhungrigen Weiber aus der Fitneßszene oder, wie Adam seinen Artikel betitelt: *Auf der Suche nach Mr. Goodbody.*

Zufällig entdeckt Jessie den üblen Artikel in Adams Computer und löscht ihn erbost. Sie ist stocksauer. Daraufhin schreibt Adam, der sich trotz aller Skrupellosigkeit nur ungern ein Arschloch nennen läßt, den Artikel um – und zwar genau so, wie er es Jessie in einem ihrer ersten Gespräche vorgespiegelt hatte. Was dabei herauskommt, ist eine langweilige, etwas pathetische Geschichte über das große physische Erwachen Amerikas, die Rückbesinnung der Nation auf ihre ureigensten Werte: die Selbstverantwortung jedes einzelnen für sein Glück und seine körperliche Verfassung. Doch diese Story ist der Redaktion zu brav und wird ohne Adams Wissen umgeschrieben. Jetzt ist Adam bei Jessie und den Leuten vom Aerobic-Club endgültig unten durch.

Inzwischen beruflich nach Marokko verschickt und damit aus der Schußlinie genommen, erfährt Adam erst verspätet von besagtem Artikel, der zu allem Übel und entgegen allen jour-

Anmache eines Journalisten

nalistischen Gepflogenheiten auch noch unter seinem Namen veröffentlicht worden ist. Wütend fliegt er nach New York, stürmt, Rambo-mäßig mit einem Baseballschläger bewaffnet, die Redaktion, demoliert das Büro seines Chefs und verkündet seine Kündigung.

Doch auch gegenüber Jessie erhält Adam Gelegenheit, sich zu rehabilitieren. Weil er nicht bereit ist, die Bänder mit dem McKenzie-Interview herauszugeben, wird er angeklagt und wegen Mißachtung des Gerichts in Beugehaft genommen. Jetzt erkennt Jessie, daß Adam ein Mann mit Rückgrat ist. Auch daß er den Health-Club-Artikel so nicht geschrieben hat, nimmt sie ihm nun ab. Als die Jury McKenzie vom Vorwurf des Drogenhandels freispricht (die Begründung wird uns vorenthalten), wird Adam aus dem Gefängnis entlassen, vor dessen Toren ihn Jessie bereits sehnlichst erwartet. Gemeinsam fahren sie einer glücklichen Zukunft entgegen.

Voyeuristische Blicke unter die Gürtellinie

Perfect ist vor allem eine Liebesgeschichte, die durch Mißverständnisse und Intrigen verkompliziert wird. Der finalen Läuterung des Reporters folgt zwangsläufig das vorhersehbare Happy-End. Travolta ist nicht schlecht, und Jamie Lee Curtis sogar ziemlich gut, aber die für einen solchen Film unerläßliche erotische Spannung zwischen den beiden kommt irgendwie nicht so richtig rüber: Wenn Jessie mit sportmedizinischem Kauderwelsch die Aerobic-Stunde fortsetzt, während sie mit Adam ins Bett geht, bleiben Lust und Sinnlichkeit auf der Strecke.

Aufgepeppt ist die Love-Story mit dem allerdings nur inkonsequent ausgedachten Polit- oder Wirtschaftskrimi um besagten McKenzie sowie vordergründiger Kritik an überzogenem Körperkult und den skrupellosen Praktiken des Sensationsjournalismuns. Doch gerade was den Fitneßkult betrifft, verkehrt sich dieser Anspruch letzten Endes in sein Gegenteil; das erinnert gelegentlich fatal an die Praktiken gewisser Hochglanzmagazine, die kritische Artikel zum Thema Sexismus mit Hilfe nackter Frauen auf dem Cover zu verkaufen suchen. Kameraperspektive und Bildausschnitte machen den Zuschauer bei den Aerobic-Einlagen zum Voyeur, zwingen den Blick auf mächtige Gemächte in hautengen Gymnastikhosen, auf kreisende Becken und gespreizte Schenkel.

Gipfel der Geschmacklosigkeit in dieser mißlungenen (hoffentlich nicht auch noch unfreiwilligen) Parodie auf den Körperkult als Garant für immerwährendes Lebensglück sind Travolta und Curtis bei der gemeinsamen Aerobic-Stunde – stilisierter Geschlechtsverkehr inmitten der Masse lustvoll mitschwitzender Leiber, und das ganze drei Minuten lang. Ärgerlich und zudem langweilig ist auch die Stripeinlage à la

California Dreamboys, präsentiert von Sallys Freund Roger, der sich selbst als »exotischen Tänzer« bezeichnet.

Da spielt es denn kaum noch eine Rolle, daß sich die Story jeder logischen Nachvollziehbarkeit standhaft verweigert. Warum gibt McKenzie Adam das Interview, wenn seine Anwälte anschließend mit viel Geld zu verhindern suchen, daß es veröffentlicht wird? Warum gibt Adam die Tonbänder nicht heraus, wenn doch sein Artikel die Quintessenz des Gesprächs bereits wiedergibt? Wie paßt Jessies direktes Beischlafangebot an Adam zu ihrer ansonsten eher spröden Persönlichkeit?

Die musikalische Untermalung des Geschehens folgte einmal mehr dem erfolgreichen Strickmuster der frühen Travolta-Filme: eine gelungene Mischung aus fetzigen Titeln und hitverdächtigen Popsongs. Diesmal allerdings ohne Mitwirkung der Bee Gees, die sich nach 1978 vorübergehend schwerpunktmäßig dem Komponieren und der Produktion neuer Titel widmeten. Zu hören waren in *Perfect* unter anderem: *Closest Thing to Perfect* mit Jermaine Jackson, *All Systems Go* mit den

Kreisende Becken, gespreizte Schenkel: ›Perfect‹

Pointer Sisters, *Hot Hips* von und mit Lou Reed, *Shock Me* mit Whitney Houston und *Masquerade* mit der Gruppe Berlin.

Enttäuschte Erwartungen oder die Sexualität des denkenden Mannes

Doch trotz Aerobic-Welle und nackter Haut, trotz Liebesgeschichte und pseudokritischen Blicks auf den Skandaljournalismus, trotz eingängiger Hits und einer Besetzungsliste, die sich durchaus sehen lassen konnte – *Perfect* fiel durch. Nur zwei Wochen konnte sich der Film in den Kinos behaupten – Kritik wie Publikum befanden ihn offensichtlich für nicht eben perfekt. Für die Hauptdarsteller allerdings gab es auch lobende Worte. »Eine herb-erfrischende Jamie Lee Curtis in Hochform« registrierte der sonst so kritische *Filmdienst*. Und *Photoplay* bescheinigte (September 1985): »Travolta hat neuerdings eine Reife entwickelt, die ihm das Selbstbewußtsein gegeben hat, solche Rollen zu bewältigen wie die, die er in seinem jüngsten Film *Perfect* so hervorragend spielt.«

In dem bereits ausführlich zitierten Artikel im *Rolling Stone* schrieb Travolta selbst über *Perfect:* »Der Stil des Films ist durch und durch cineastisch, gewagt und überzeugend. Es gibt viele Nahaufnahmen, was unsere Art der Darstellung beeinflußt hat. Entsprechend subtil haben wir unsere Mittel gewählt. Ich arbeite gerne so. Ich vertraue darauf, daß der Film alle Erwartungen erfüllen wird.« Wie schon im Zusammenhang mit *Staying Alive* gab Travolta sich als überzeugter Anhänger der Fitneßwelle: »Ich bin der gleichen Ansicht (wie das Drehbuch), daß Fitneßstudios die Single-Bars der 80er Jahre sind. Ich finde aber Fitneßstudios für jüngere Menschen besser. Ich denke, es ist gesünder zu trainieren, als von einem Barhocker zu fallen.« (*Photoplay,* September 1985)

Ähnlich hatte er sich auch schon 1983 geäußert, nachdem er sich für *Staying Alive* in Form gebracht hatte. Von Eva Windmöller (*Stern,* 42/1983) auf den neuen Körperkult angesprochen, hatte er seinerzeit die rhetorische Frage gestellt: »Was ziehen Sie vor: Die Single-Szene mit Alkohol und Drogen, in der Sie Ihren Körper zerstören, oder die Fitneßclubs als neuen sozialen Treffpunkt zum Kennenlernen, Reden, Bumsen, in denen Sie Ihren Körper neu aufbauen?«

Die Rolle des Adam empfand Travolta gegenüber den bis dahin von ihm verkörperten Charakteren als Fortschritt, denn »er ist die intellektuellste Rolle, die ich bisher gespielt habe.« Auch Dauerfreundin Marilu Henner entdeckte in *Perfect* eine neue Qualität an Travolta: »Zum erstenmal zeigt Johnny die Sexualität eines denkenden Mannes.« (*People*, 24.6.1985) Travolta mochte den Film auch noch zehn Jahre später und wurde nicht müde, ihn zu verteidigen. *Perfect* sei in verschiedener Hinsicht ein wirkungsvoller Film gewesen, der es verdiene, neu bewertet zu werden, erklärte er beispielsweise im Februar 1996 im *Rolling Stone*.

Belohnte Blauäugigkeit

Während der Promotion-Tour für *Perfect* veranlaßte eine eher kuriose Begebenheit Travolta, sich seinen Verpflichtungen kurzfristig zu entziehen, um nach Portland zu eilen. Hatte sich doch dort ein Gericht erdreistet, die Scientology-Organisation und ihre Führung zu 39 Millionen Dollar Geldstrafe zu verurteilen. Gegen dieses Urteil zog Travolta gemeinsam mit Tausenden anderer Scientologen zu Felde. Unter den Demonstranten auch der Jazzmusiker Chick Corea, der zur Unterstützung von Scientology gleich noch ein Benefizkonzert gab. Kurios ist dabei weniger die Reaktion von Travolta und seinen Mitstreitern auf das Urteil als vielmehr dessen Anlaß: Eine 27jährige Frau aus Portland hatte Scientology verklagt, weil Vertreter der Sekte der offensichtlich etwas Treuherzigen versprochen hatten, Scientology könne ihre Sehkraft, ihre Intelligenz und ihre Kreativität steigern. Der Erfolg war aber offensichtlich ausgeblieben, und nun verlangte sie erbost Schadenersatz, wie der *Los Angeles Herald* am 21.5.1985 zu berichten wußte.

Travoltas Glauben an Scientology allerdings schien durch solche Kleinigkeiten nicht erschüttert werden zu können. Denn sonst hätte er sich wohl kaum ein Jahr später mit einigen Titeln an der Langspielplatte *The Road to Freedom* beteiligt – einer

Sammlung von Liedern des im Januar 1986 verstorbenen Scientology-Gründers Ron L. Hubbard. Zu den Interpreten gehören neben Travolta auch Julia Migenes und Frank Stallone (*Der Spiegel*, 15/1986).

Kein Lohn für den stummen Diener

Trotz gelegentlicher Flops und diverser Zwangspausen hatte es Travolta seit *Saturday Night Fever* nie wirklich über einen längeren Zeitraum an Filmangeboten gemangelt. Nicht zuletzt deshalb hatte er es sich leisten können, diverse Rollenangebote auszuschlagen: Von 1977 bis 1985 habe er das Gefühl gehabt, den Markt für einen bestimmten Rollentyp zu beherrschen und so gut wie keine Konkurrenz zu haben. Nicht einmal mit den berühmten älteren Kollegen wie Warren Beatty oder Paul Newman habe man ihn gemeinsam agieren lassen, und so habe ihm jegliche Herausforderung gefehlt, erinnerte er sich im August 1994 im *Sky Magazine*.

Auch wenn diese Einschätzung gelinde gesagt ein wenig übertrieben erscheint, etwas Wahres ist schon daran. Ab Mitte der achtziger Jahre aber war Travolta bei Regisseuren und Produzenten abgemeldet und fühlte sich auch so. Nicht daß irgendwer glaubte, Travolta habe sein Handwerk verlernt. Aber er war kein Kassenmagnet mehr, und das reichte, um ihn bei großen Produktionen zu übergehen. Mel Gibson, Kevin Costner und Tom Cruise waren die neuen Stars, und Travolta bekam ihre Konkurrenz schmerzlich zu spüren. Ab 1985 habe er sich immer häufiger gefragt, was bloß mit den ganzen Jobs passiert sei, und den Eindruck gehabt, bei der Vergabe guter Rollen die letzte Wahl zu sein.

Möglicherweise war das der Grund dafür, daß sich John Travolta 1987 bei der Fernsehproduktion *Basements* in *The Dumb Waiter (Der stumme Diener)* wieder einmal auf neues Parkett wagte. Vielleicht war es aber auch die Aussicht, einmal mit dem berühmten Robert Altman zu arbeiten, der in dieser Verfilmung zweier Einakter von Harold Pinter Regie führte. Altman, der Travolta nur auf Druck des Senders akzeptiert hatte, teilte übrigens die allgemeine Skepsis gegenüber Travolta,

Der Killer und sein Kollege: ›The Dumb Waiter‹

mußte dann aber in der Zusammenarbeit sein Urteil revidieren: »Aufgrund dessen, was ich von ihm kannte, hätte ich ihn nie genommen. Sein Selbstvertrauen aber hat mich beeindruckt. Er sagte, er könne die Rolle spielen, und ich habe ihm das geglaubt. Ich war begeistert von seiner Leistung, und Pinter liebte ihn geradezu.« (*Los Angeles Times,* 9.10.1994)
Travolta spielte in *The Dumb Waiter* Ben, einen Killer und in jeder Beziehung ziemlich finsteren Charakter, der gemeinsam mit einem Berufskollegen in einem Zimmer auf Anweisungen wartet – für Travolta sozusagen eine Probe für seine spätere Karriere als Leinwand-Ganove. *Basements* wurde von der Kritik mit einigem Lob bedacht, vom Publikum aber – damit teilte es das Schicksal vieler der anspruchsvolleren Fernsehproduktionen – kaum wahrgenommen. *Basements* wurde in Deutschland im Januar 1989 im ZDF ausgestrahlt.

Zukünftiger Ehemann und schon Vater

Bei *The Experts* trifft Travolta seine Traumfrau,
in *The Tender* probt er die Vaterrolle

In den zwei Jahren zwischen *Perfect* und *Basements* hatte Travolta keinen einzigen Film gemacht. Und was dann kam, war auch nicht gerade dazu angetan, sein Image als Schauspieler aufzupolieren. *The Experts (Die Experten,* 1987) und *The Tender (Gefährliche Freundschaft,* 1988) fielen ebenso durch wie *Chains of Gold (Ketten aus Gold,* 1990) und *Shout* (1991). Einziges Zwischenhoch in dieser Periode bis 1993 waren die drei Folgen von *Look Who's Talking (Kuck mal, wer da spricht)* – mit absteigender Tendenz allerdings.

Travoltas nächster Spielfilm nach *Perfect* war also *The Experts,* der 1987 in Kanada gedreht wurde.

Willkommen in KGB-Amerika

Zur Vorbereitung seiner Agenten auf den subversiven Kampf im Land des Klassenfeindes unterhält der KGB in der UdSSR in der Nähe von Irkutsk seit 30 Jahren einen Ort mit dem Namen Indian Springs. Dort lebt und arbeitet man so, wie sich die Sowjet-Oberen das Leben in der amerikanischen Provinz vorstellen. Beim Test der Agentin Bonnie Grant (Kelly Preston) stellt sich allerdings heraus, daß die Einrichtung offensichtlich nicht auf dem neuesten Stand ist – weiß sie doch weder mit dem Begriff Ghetto-Blaster noch mit einer Sushi-Bar das geringste anzufangen. Um dem abzuhelfen, beschließt der KGB, sich amerikanischer Experten zu bedienen. Also wird der Genosse Cameron Smith (Charles Martin Smith) in die USA geschickt, um die richtigen Männer für diesen Job zu finden.

In einem New Yorker Nachtclub glaubt er mit Travis (John Travolta) und Wendell (Arye Gross) die geeigneten Kandidaten entdeckt zu haben. Die beiden träumen von einem eigenen Club, sind aber notorisch pleite. In der Annahme, eine Diskothek in Nebraska übernehmen und modernisieren zu sollen, lassen sie sich von Smith anheuern. Während des Fluges werden sie betäubt und finden sich in besagtem Indian Springs wieder. Zunächst sind die beiden Amerikaner von ihrer Umgebung doch sehr irritiert, aber woher sollen sie als Großstädter denn wissen, wie es in der Provinz aussieht?

Immer noch etwas beunruhigt, doch von der Aussicht auf gutes Geld eingelullt, machen sich Travis und Wendell ans Werk: Der Nachtclub wird entstaubt und feierlich eröffnet. Außerdem wird aus Japan die neueste Technologie eingeflogen. Davon profitiert nicht nur der Nachtclub, der KGB läßt auch an die Einwohner kostenlos Radios, Mixer, Fernseher und anderen Schnickschnack verteilen. Travis alias John Travolta demonstriert, wie könnte es anders sein, den aktuellen Stand der Tanztechnik. Außerdem verliebt er sich in Bonnie. Die erwidert zwar seine Gefühle, befindet sich aber in einer Zwickmühle. Immerhin ist sie von einem konkurrierenden KGB-

Die seltsamen Methoden des KGB: ›Die Experten‹

Hamburger für die Russen: ›The Experts‹

Offizier (Brian Doyle Murray) auf Travis angesetzt worden, um das Experten-Projekt zum Scheitern zu bringen.

Dieser Konkurrenzfraktion haben es Travis und Wendell letzten Endes dann auch zu danken, daß sie herausfinden, wo und in wessen Händen sie sind. Am amerikanischen Nationalfeiertag geht bei einer Party an einem See das Bier aus, und die beiden erklären sich bereit, für Nachschub zu sorgen. Zu ihrem Glück müssen sie unterwegs austreten, und genau in dem Moment fliegt ihr Wagen in die Luft. Der Genosse Offizier wollte das Projekt auf eigene Faust beenden. Zu Fuß irren die beiden durch die Landschaft und stoßen dabei auf Militäreinheiten und kyrillische Schriftzeichen. Langsam begreifen sie, was gespielt wird. Sie werden festgenommen und landen im Gefängnis. Hier lernen sie den russischen Piloten kennen, der die Konsumgüter aus Japan gebracht hatte und aus Geheimhaltungsgründen in der KGB-Enklave festgehalten wird – ausgerechnet unter dem Vorwand, Kondome eingeschmuggelt zu haben. Als der KGB beschließt, das Dorf zu eliminieren, organisieren die beiden Amerikaner gemeinsam mit diesem Piloten die Flucht aller Einwohner des Musterortes. Die werden dann in der echten amerikanischen Provinz angesiedelt, wo sie sich, da eh inzwischen mehr Amerikaner als Russen, selbstredend umgehend heimisch fühlen.

Die Idee zu dieser Komödie aus den Zeiten des kalten Krieges ist im Grunde ganz witzig, und der Film beginnt auch recht vielversprechend, kann aber dieses Versprechen nicht halten. Die Story ist zu dünn, die Verwicklungen sind allzu vorhersehbar. Das Happy-End ist unglaubwürdig und sentimental, die politische Botschaft einfältig: Man gebe den Menschen ein Hamburger-Restaurant, einen Nachtclub und ein bißchen japanische Technik – und schon sind sie überzeugte Verfechter des amerikanischen Weltbilds.

The Experts, eigentlich als Comeback für Travolta gedacht, wurde ein totaler Flop und landete hierzulande ohne Umweg über die Kinoleinwand direkt in den Regalen der Videotheken. Nach Travoltas Comeback waren *Die Experten* dann wie fast alle alten Travolta-Filme im Fernsehen zu sehen.

Von den Medien entmündigt

Für Travolta war *The Experts,* wenn man so will, immerhin ein privater Erfolg. Bei den Dreharbeiten lernte er seine zukünftige Frau Kelly Preston kennen und hatte sich laut Drehbuch in sie zu verlieben. Privat sollte das noch ein wenig dauern; seinerzeit war Kelly Preston mit dem Schauspieler Kevin Gage verheiratet, und Travolta hielt sich zurück. Im Sommer 1990 traf man sich erneut in Kanada, wo Travolta *Look Who's Talking Too* drehte. Und da scheint es dann so richtig gefunkt zu haben; 1991 wurde geheiratet.

Um diese Liaison kursierten jede Menge Gerüchte, die von den Medien begierig aufgegriffen wurden. Daß auch Kelly

Preston Scientologin ist, öffnete den wildesten Spekulationen Tür und Tor. »Auf John Travolta wurde (von Scientology) angeblich sogar die wenig erfolgreiche, aber um so schönere Schauspielerin und Scientologin Kelly Preston angesetzt, die den abtrünnigen *Saturday Night Fever-* und *Grease-*Star erst heiratete und dann für die Sekte zurückgewann«, schrieb beispielsweise der *Spiegel* (32/1994). *Die Woche* stieß ins gleiche Horn (1.3.1996): »Die Sekte, so jedenfalls geht das Gerücht in Hollywood, sei es auch gewesen, die ihn mit der schauspielernden Scientologin Kelly Preston verkuppelte, als er sich in den achtziger Jahren zunehmend von der Organisation entfernt hatte.« Das Stadtmagazin *Prinz* (Februar 1996) entmündigte Travolta gleich vollständig: »Aber die Sekte ging noch weiter: Um ihren Star von den Gerüchten um seine angebliche Ho-

Mit seiner späteren Ehefrau Kelly Preston in ›Die Experten‹

mosexualität zu befreien, verheiratete man ihn im September 1991 mit Kelly Preston, ebenfalls Scientologin.« Man mag von Scientology halten, was man will, aber ein selbstbewußter Mann wie Travolta läßt sich mit Sicherheit nicht mal so eben verheiraten – von wem auch immer.

Merkwürdige Mischung

Kinder und Tiere als Hauptdarsteller gelten in Hollywood als unfehlbares Erfolgsrezept für einen publikumswirksamen Film. Wird dieses Konzept jedoch in einen Gangsterfilm integriert und mit Hundekampf-Szenen versetzt, kann der Schuß auch nach hinten losgehen. Diese Erfahrung jedenfalls machte John Travolta mit dem 1988 unter der Regie von Robert Harmon entstandenen Film *The Tender (Gefährliche Freundschaft),* der auch unter dem Titel *Eyes of an Angel* bzw. *Ein Deal auf Leben und Tod* geführt wird – dann ist 1990 als Produktionsjahr angegeben. Ob dieser Wirrwarr damit zusammenhängt, daß der Film in ein Konkursverfahren verwickelt war, ist nicht herauszufinden. Er ist jedenfalls nie im Kino gelaufen und in den USA laut Videoführer erst seit 1994, also nach Travoltas Wiederauferstehung mit *Pulp Fiction,* unter dem Titel *Eyes of an Angel* in den Videotheken zu haben. Hierzulande wurde *Gefährliche Freundschaft* ab 1991 als Video vertrieben, doch inzwischen braucht man reichlich Geduld und Glück, um noch einer Kopie habhaft zu werden. RTL 2 wiederum sendete den Film im Juni 1996 unter dem Titel *Ein Deal auf Leben und Tod.*

In *The Tender* spielt John Travolta Bobby Allen, der seit dem Tod seiner Frau Brenda sein im Film namenloses Töchterchen (Ellie Raab), die Ich-Erzählerin, alleine aufzieht. Bobby ist ein liebevoller, wenngleich etwas hilfloser und selten anwesender Vater. Die altkluge Kleine jedoch ist endlos verständig, backt ihm Kuchen und kauft ihm Geschenke. Gegenspieler von Bobby ist der Gangster Cissy (Tito Larriva), ein Bruder von Bobbys verstorbener Frau, der seine kleine Nichte ihrem Vater wegnehmen und bei sich aufnehmen möchte. Um Bobby und damit die Kleine in seine Hand zu kriegen, bietet Cissy dem beruflich glücklosen Bobby einen Job als Geldbote an. Wider Erwarten macht der seine Arbeit höchst korrekt und läßt auch die Finger vom Alkohol. Enttäuscht, daß sein Plan nicht funktioniert, läßt Cissy ihn verprügeln. Doch es gelingt Bobby, mit dem einkassierten Geld und dem Wagen seines Bosses zu entkommen.

Inzwischen hat sich seine Tochter mit einem Dobermann angefreundet, den Cissy nach einem Hundekampf schwerverletzt in den Fluß geworfen hatte. Sie bringt dem Hund Futter und pflegt ihn gesund, und dankbar weicht er nicht mehr von ihrer Seite.

Nach der Auseinandersetzung mit Cissys Schlägern müssen Bobby und seine Tochter Chicago fluchtartig verlassen. Sie wollen zu Bobbys Bruder Georgie nach Kalifornien, den Hund muß das Mädchen auf Druck des Vaters zurücklassen. Der biederbürgerliche Georgie zeigt sich von dem unverhofften Besuch wenig begeistert und verweist nach einem Streit Bobby und seine Tochter des Hauses. Derweil ist Cissy den beiden ständig auf der Spur und kommt schließlich ebenfalls nach Kalifornien, um sein Eigentum zurückzufordern. Doch Bobby hat Geld und Auto nicht mehr, er wurde ebenfalls beklaut. Da taucht der Dobermann auf, der seiner kleinen Freundin quer durch die Vereinigten Staaten gefolgt ist. Cissy verlangt, daß der Hund zu einem Kampf antritt und diesen verliert – mit dem Wettgewinn will er seinen finanziellen Verlust wettmachen. Außerdem glaubt er, Bobby durch diese Machtdemonstration vor seiner Tochter demütigen zu können. Doch als der Kampf beginnen soll, springt der Dobermann statt dem gegnerischen Hund seinem menschlichen Peiniger Cissy an den Hals, ohne allerdings zuzubeißen. Vater, Hund und Tochter verlassen als Sieger die Arena.

The Tender ist wunderschön aufgenommen, auch den Dobermann anzuschauen ist ein purer Genuß, und Ellie Raab als Bobbys Tochter macht ihre Sache wirklich gut. Das ist allerdings schon so ziemlich alles, was man an Positivem über diese merkwürdige Mischung aus Gangster-, Tier- und Kinderfilm sagen kann. Drehbuchautor Robert Stitzel und Regisseur Harmon scheinen ihre potentiellen Zuschauer völlig aus den Au-

Mit Filmtochter in ›The Tender/Gefährliche Freundschaft‹

gen verloren zu haben. Die Geschichte von dem Dobermann, der seiner kleinen Freundin Hunderte von Kilometern folgt, ist so etwas wie eine moderne Version des berühmten Jugendbuchs *Lassie kehrt zurück,* allerdings ohne dessen Einfühlungsvermögen und Sachkenntnis. Doch für einen Familienfilm sind einige Szenen zu brutal – zum Beispiel der Hundekampf oder die Szene, in der Bobby zusammengeschlagen wird. Als Gangsterfilm für Erwachsene kann der Streifen aber auch kaum gemeint sein, dafür ist er zu langweilig und zu absurd. Travolta übrigens fand *Eyes of an Angel* »terrific« (*Rolling Stone,* Februar 1996).

Profitable Sektenkinder

Look Who's Talking beschert Travolta einen unerwarteten Erfolg

»Es gibt nichts, bei dem Scientology nicht helfen kann«, behauptete John Travolta gegenüber *Tempo* im Februar 1996. Davon ist er fest überzeugt – von seiner Warte aus betrachtet, sicherlich zu Recht: Als es 1989 still geworden war um den gefallenen Stern, half ihm die Sekte mit der lustigen Familiengeschichte *Look Who's Talking (Kuck mal, wer da spricht)* beruflich wieder auf die Beine. Travolta war allerdings nicht der einzige Scientologe, der von dem Projekt profitierte – auch Produzent Jonathan D. Krane, Regisseurin und Drehbuchautorin Amy Heckerling sowie die Hauptdarstellerin Kirstie

Mit Filmfamilie in ›Kuck mal, wer da spricht‹

Alley sollen zu der Sekte gehören. »Der Film war sowohl in punkto Besetzung als auch in der Finanzierung ein reines Sektenkind«, schlußfolgerte *Focus* (44/1994).

Niedliche, selbstbewußt-freche oder auch altkluge Kleinkinder gehören zum klassischen Hollywood-Repertoire. Da müßte man annehmen, alle denkbaren Varianten wären längst filmisch umgesetzt worden. Stimmt aber nicht, oder besser gesagt: stimmte bis 1989 nicht. Denn in diesem Jahr hat Amy Heckerling das abgedroschene Genre Babykomödie um eine originelle Idee bereichert. Der besondere Gag des Films ist, dem Baby vom Moment der Zeugung an Stimme und einen erwachsenen Intellekt zu verleihen – *Voice-Overing* heißt das auf Fachchinesisch. Diese Babykommentare sind im Film nur für andere Kinder, nicht aber für die erwachsenen Akteure hörbar. Diese Idee ist laut *Motion Picture Guide* aus der praktischen Anschauung geboren. Amy Heckerling, selbst Mutter, habe oft eindringlich die Miene ihrer kleinen Tochter studiert und sich dabei überlegt, was in deren Kopf wohl so vor sich ging. Sie konnte sich nicht vorstellen, daß dort niedliche Babygedanken wohnten, sondern unterstellte ihrem Töchterlein frühreifen Zynismus.

Travolta als Wunschpapa

Look Who's Talking beginnt mit der Zeugung des kleinen Mikey. Zum Beach-Boy-Hit *I Get Around* stürmen Spermien im fröhlichen Wettlauf auf eine Eizelle zu. Dann erklingt aus dem Off die männliche Stimme des siegreichen Spermiums – in der Originalfassung spricht Bruce Willis, in der deutschen Synchronisation Flapsmeister Thomas Gottschalk die schnodderigen Kommentare des altklugen Embryos bzw. später des Babys und Kleinkinds. Diese Grundidee trägt die ganze, ansonsten eher biedere und leicht sentimentale Familiengeschichte. Die Steuerberaterin Mollie (Kirstie Alley) wird von ihrem verheirateten Freund Albert (George Segal) schwanger. Der verspricht ihr zwar mehrfach, sich von seiner Frau zu trennen, findet aber immer wieder probate Ausreden, um es dann doch nicht zu tun. Außerdem ist er intensiv mit der Einrichtung ei-

›Look Who's Talking‹

nes neuen Büros und der dafür zuständigen Innenarchitektin
beschäftigt. Um ihn nicht bloßzustellen, erzählt Mollie Freunden und Familie, sie habe sich künstlich befruchten lassen.
Schließlich zieht Albert tatsächlich zu Hause aus, betrügt Mollie aber umgehend mit besagter Innenarchitektin. Mollie er-
tappt den Ungetreuen, und durch den Schreck setzen prompt
die Wehen ein. In letzter Sekunde ergattert sie ein Taxi, das sie
in rasender Fahrt in die Klinik bringt.
James (John Travolta), der Taxifahrer, übernimmt dort die Rol-

Fortsetzung: ›Look Who's Talking Too‹

le des angehenden Vaters, obwohl Mollie wegen seines rüden Fahrstils nicht besonders gut auf ihn zu sprechen ist. Später besucht er Mollie zu Hause, um ihr ihre Handtasche zurückzugeben, die sie in der Hektik im Taxi hatte liegenlassen. Um seinen Großvater in einem Altenheim in Manhattan unterbringen zu können, braucht er dort eine Adresse; er selbst lebt übrigens – ein Insider-Joke – ausgerechnet in Englewood/New Jersey, Travoltas Geburtsort. Vermutlich kommt ihm bei seinem Besuch bei Mollie die Idee, sich ihrer Adresse zu bedienen. Als sie das herausfindet, ist sie nicht begeistert, einigt sich dann aber mit James auf einen Handel: Mollie heuert den Taxifahrer als kostenlosen Babysitter an, im Gegenzug darf er ihren Briefkasten mitbenutzen. Doch mehr will Mollie nicht von James. Sie hat sich, was Männerbeziehungen angeht, alle romantischen Vorstellungen abgeschminkt und sucht gezielt nach einem seriösen Vater für ihren Sohn Mikey. Der schlitzohrige Taxifahrer, der nebenbei als Fluglehrer arbeitet, scheint ihr da zunächst nicht der geeignete Kandidat. Aber auch die soliden und gutsituierten Typen, mit denen sie im Rahmen ihrer Vatersuche ausgeht, entsprechen nicht ihren Vorstellungen.

Derweil beginnt es zwischen Mollie und James erotisch zu knistern. Doch gerade als Mollie sich dieser Leidenschaft hingeben will, läßt eine düstere Zukunftsvision sie zurückschrecken: Mit einem Haufen verwahrloster Kinder am Rockzipfel sieht sie sich am Herd stehen, während James aus dubiosen Quellen Nahrungsmittel beschafft. Schlagartig ernüchtert beschließt Mollie, dieser Liebe keine Chance zu geben. Mikey, der das Geschehen für den Zuschauer kommentiert, hat sich natürlich längst den liebevollen Babysitter als Vater ausgekuckt. Nach einem gescheiterten Versöhnungsversuch von Mollie und Albert reißt Mikey bei einem Besuch bei James' Opa im Altenheim aus. Die Angst um das von beiden geliebte Kind führt dann Mikeys Mutter und den Wunschpapa endlich zusammen.

Tanzender Taxifahrer

Mikey, das Baby, das mit der Stimme von Thomas Gottschalk ironisch die Welt der Erwachsenen kommentiert, ist über weite Strecken ebenso unterhaltsam wie komisch. Zumal die Darsteller des kleinen Mikey (man mußte mehrere Babys einsetzen) mimisch und gestisch von der Kamera hervorragend eingefangen sind. Die hin und wieder recht zotigen Sprüche des Knaben allerdings sind nicht unbedingt jedermanns Geschmack.

Spaß machen auch Mollies Träume und Visionen: Beispielsweise wenn sie sich ihre diversen Heiratskandidaten in der Vaterrolle vorstellt oder sich während der Schwangerschaft am Zeiger einer überdimensionalen Turmuhr hängen sieht. Travolta als Babysitter ist charmant und sympathisch. Daß er um zwei Tanzeinlagen nicht herumkommt (einmal mit Mikey, einmal mit Mollie), ist ein naheliegender Gag, aber verzeihlich.

Figuren und Handlung sind nicht immer sauber durchdacht. Warum wird beispielsweise die ansonsten recht selbstbewußte Mollie in Gegenwart von Albert zur dummen Gans mit Piepsstimmchen? Außerdem ist Albert derartig unsympathisch, daß man sich vergeblich fragt, was Mollie überhaupt jemals an ihm hat finden können. James' irrwitzige Fahrt ins Krankenhaus dagegen würde eher in eine drittklassige Gangsterkomödie passen – da gerät die Komödie fast zur Klamotte. Es ist allerdings grundsätzlich ein fragliches Unterfangen, an diesen lustigen Unterhaltungsfilm mit logischen Kriterien heranzugehen – schließlich können ja, soweit wir bis heute wissen, Spermien auch nicht singen.

Schwung und Pep bringen die vielen populären Songs in den Film, neben *I Get Around* unter anderem *When I Grow Up to Be a Man* von den Beach Boys, *Cry Baby* mit Janis Joplin, *Daddy's Home* mit Shep and the Limelights, *Let My Love Open the Door* mit Pete Townshend und als besonderer Gag für alle Travolta-Fans *Stayin' Alive* von den Bee Gees.

Ein kurzes Kinoleben und eine ebenso begrenzte Zukunft als Video war *Look Who's Talking* prophezeit worden. Doch ent-

›Kuck mal, wer da spricht 2‹

gegen allen Erwartungen lief der Film in den USA 30 Wochen und spielte allein dort fast 150 Millionen Dollar ein. Auch in Deutschland wurde *Kuck mal, wer da spricht* ein Kassenknüller.

Die eigentlichen Stars des Films waren natürlich die Darsteller des kleinen Mikey und ihre Stimmen, aber auch Travolta war nach *Look Who's Talking* populär wie lange nicht mehr. »Szenen einer Auferstehung« beschrieb *Basta* (4/1990) während einer Promotion-Tour durch Österreich. Bei der Pressekonferenz im Prater – die Interviews fanden sinnigerweise in einem Waggon des Riesenrades statt, dessen ständiges Auf und Ab den Vergleich zu Travoltas Karriere geradezu aufzwingt – wurde Travolta von begeisterten Fans umlagert und mit Autogrammwünschen bombardiert. Daß die Kritik den Film nicht durchgehend liebte, sollte bei diesem Erfolg einer Fortsetzung nicht im Wege stehen.

Brüderlein und Schwesterlein

Look Who's Talking Too (Kuck mal, wer da spricht 2) erzählt, wie könnte es anders sein, die weitere Geschichte von James und Mollie. Die beiden sind inzwischen verheiratet und zeugen eine Tochter – Julie. Die spricht natürlich auch schon vor ihrer Geburt, in der deutschen Fassung mit der Stimme von Nina Hagen. Wieder darf der Zuschauer der Zeugung beiwohnen – da der Spermien-Gag schon in Folge eins verbraten wurde, hat Amy Heckerling ihn leicht abgeändert: Diesmal müssen die Spermien erst mal an Mollies Diaphragma vorbei, um an ihr Ziel zu gelangen. Nach neun Monaten kommt Julie dann via Kaiserschnitt zur Welt. Was schnoddrige Sprüche angeht, steht sie ihrem großen Bruder in nichts nach. So meint die Kleine nach einem ersten Blick auf ihre Mama: »Hey, von außen siehst du aber echt besser aus.«

Die Handlung ist ziemlich dürftig. James und Mollie versuchen unermüdlich, Mikey von seinen Windeln zu befreien, und proben zwischendurch eheliche Machtspielchen. Als Mollies Bruder Stuart (Elias Koteas) vorübergehend bei ihnen einzieht, fühlt James sich vernachlässigt und verläßt nach einem Streit

Zweite Fortsetzung: ›Look Who's Talking Now‹

beleidigt sein Zuhause. Er hat inzwischen einen Job als Pilot –
da konnte Travolta wenigstens sein Alter ego auch auf der
Leinwand mal so richtig ausleben. Mikey geht derweil in die
Kinder-Fitneßgruppe, wo James alias John Travolta im Kreis
der Kinder zu Presleys *All Shook Up* seine obligate Tanznum-
mer zum besten gibt.
Mollie aber will ihren Mann wiederhaben, und während die
beiden sich auf dem Flugplatz versöhnen, brennt daheim die
Wohnung ab. Mollie hatte die Kinder unter Aufsicht ihres Bruders zurückgelassen, doch der jagt gerade einen Einbrecher,
als das Feuer ausbricht. So muß der große Bruder Mikey Klein
Julie aus den Flammen retten. Zum Schluß tut Stuart sich mit
Mollies Freundin Rona (Twink Caplan) zusammen, und die
wiedervereinigte Kleinfamilie ist endlich wieder unter sich.
Wer den ersten Teil gesehen hatte – und das dürften wohl fast
alle Kinobesucher von Teil zwei gewesen sein –, mußte sich bei

der Fortsetzung zwangsläufig langweilen. Der Überraschungseffekt des *Voice-Overing* war verbraucht, und die Handlung ist so dünn, daß der Film sich endlos in die Länge zieht. Die Hälfte der Story dreht sich um das Thema Reinlichkeitserziehung, und als Mikey zum erstenmal alleine aufs Klo geht, erklingt ausgerechnet Händels *Halleluja,* um die Wichtigkeit des Ereignisses zu unterstreichen. Es ist fraglich, ob über diese Art von Humor überhaupt jemand lachen kann – Kinder können das mit ziemlicher Sicherheit nicht. Lorne Sussman als Mikey ist allerdings in Mimik und Gestik genauso ein Volltreffer wie seine vier Vorgänger aus Teil eins. Insgesamt aber ist dieser zweite Teil nur noch ein schlaffer Abklatsch des Originals und kam auch bei den Zuschauern nicht mehr so gut an.

Verführerische Chefin

Nichtsdestotrotz wurde noch eine weitere Fortsetzung nachgeschoben. In *Look Who's Talking Now (Kuck mal, wer da jetzt spricht),* dem dritten Teil der Familiensaga, sind Mikey und Julie nun wirklich alt genug, um selbst und mit Kinderstimmen zu sprechen. Um den Gag beizubehalten, übernehmen Hunde und andere Tiere die Funktion der sprechenden Babys. Wieder werden wir Zeugen einer Befruchtung – diesmal kommt jedoch ein Wurf junger Hunde dabei heraus.
James, zu Filmbeginn arbeitslos, findet wieder einen Job als Pilot. Er muß Samantha (Lysette Anthony), die attraktive Präsidentin einer großen Firma, zu diversen geschäftlichen Terminen fliegen. Mollie hingegen verliert ihre Arbeit und findet sich in der Rolle der unzufriedenen Nur-Hausfrau wieder. Mikey möchte unbedingt einen Hund haben, und James erfüllt ihm diesen Wunsch: Gemeinsam mit seinem Sohn holt er einen der zu Filmbeginn gezeugten Mischlinge aus dem Tierheim. Der wurde dort eingeliefert, weil er herrenlos herumstreunte, und soll eigentlich eingeschläfert werden. Zu Mollies Entsetzen vererbt Samantha der Familie auch noch ihre überzüchtete Pudelhündin Daphne, eine Gabe, die zurückzuweisen weder sie noch James den Mut haben. Von nun an kommentieren Rocks, der Straßenköter, und die wohlerzogene Daphne mit

›Kuck mal, wer da jetzt spricht‹

den Stimmen von Frank Zander und Iris Berben die Handlungen ihrer menschlichen Mitbewohner.

James ist beruflich viel unterwegs, und da seine hübsche Chefin offenbar ein Auge auf ihn geworfen hat, wächst bei Mollie die Eifersucht. Die Familienharmonie ist dahin, es wird heftigst gestritten: James streitet mit Mollie, Mikey mit Julie, Rocks mit Daphne. Ein weiteres zentrales Thema des Films sind Mikeys berechtigte Zweifel an der Existenz des Weihnachtsmanns sowie die Versuche seiner Eltern, diese auszuräumen.

Als Samantha ihren Privatpiloten unter einem Vorwand ausgerechnet zu Weihnachten in ein abgelegenes Ferienhaus beordert und dafür sorgt, daß er von dort nicht mehr rechtzeitig zum Fest wegkommt, ergreift Mollie die Initiative. Mit Kindern und Hunden macht sie sich auf den Weg zu ihrem abständigen Mann. Unterwegs stoppt ein Unfall ihr Fortkommen, dann werden sie auch noch von einem – natürlich ebenfalls sprechenden – Wolf angegriffen. Jetzt erweisen sich die von Mollie bis dahin nur geduldeten Hunde als Retter. Rocks vertreibt unter Einsatz seines Lebens den Wolf, und da das Auto feststeckt, machen sich anschließend beide Hunde auf den Weg, um Hilfe zu holen. Inzwischen hat der treue James, dieweil er Samantha eine Tanzstunde gegeben hat, deren Spielchen durchschaut. Rocks findet das Ferienhaus und führt James zu seiner mittlerweile mit Hilfe von Daphne geretteten Familie.

Der Film fand keinerlei Anklang, und auch Travolta, der *Look Who's Talking* für hervorragend hielt und die erste Fortsetzung immerhin noch als okay befand, konnte sich mit dem dritten Teil nicht anfreunden (*Rolling Stone,* 2/1996). Kinofan Quentin

Mit Kirstie Alley und Filmkindern in ›Kuck mal, wer da jetzt spricht‹

Tarantino, von dessen alter Liebe zu und Verehrung für John Travolta noch die Rede sein wird, schaute sich keinen der drei Filme an: »Sosehr ich John Travolta mag, ich konnte es nicht über mich bringen, mir einen Film mit einem sprechenden Baby anzusehen.« (*Vanity Fair,* zitiert nach Dawson: *Tarantino Inside Story*).

Glückloser Menschenfreund

Chains of Gold und *Shout:* Auch der Wechsel ins
Sozialfach bringt Travolta nichts ein

Zwischen den Folgen zwei und drei von *Look Who's Talking*
machte Travolta zwei Filme, von denen selbst bekennende Travolta-Fans meist nicht einmal den Titel, geschweige denn den
Inhalt kennen. Mit *Chains of Gold (Ketten aus Gold)* und
Shout (Shout), 1990 bzw. 1991 entstanden, war John Travolta
am tiefsten Punkt seiner Karriere angelangt.
Chains of Gold ist ein Action-Thriller aus dem Drogenmilieu.
In dem Film geht es um skrupellose Drogenhändler, die Kinder und Jugendliche bei der Drogenherstellung einsetzen und
als Dealer und Kuriere mißbrauchen. Und es geht um einen

Bei den Dreharbeiten zu ›Chains of Gold‹

Action!: ›Ketten aus Gold‹

mutigen Einzelkämpfer, der es mit dem mächtigen Drogenboß
aufnimmt, um einen Jungen zu retten. Eben diesen Helden
spielt John Travolta. Sein Name ist Scott Barnes. Scott hat
schwer an seiner Vergangenheit zu tragen: Der mittlerweile
trockene Alkoholiker fühlt sich am Tod seines Sohnes schuldig. Denn betrunken wie er war, hatte er den Jungen nach einem Unfall nicht rechtzeitig aus dem Autowrack befreien können. Daran ist auch seine Ehe zerbrochen. Jetzt arbeitet Scott
als Sozialarbeiter in der Drogenszene. Als einziger in der kalten Bürokratie des Sozialamtes engagiert er sich wirklich, betrachtet seine Klientel als Menschen und nicht als Fälle. Was
ihm häufig Ärger mit seinen Vorgesetzten einbringt.
Scotts besondere Zuwendung gilt dem Jungen Tommy Burke
(Joey Lawrence), den er vor einer kriminellen Karriere be-
wahren will. Er nimmt sich des Jungen an, will an ihm wohl
auch gutmachen, was er an seinem eigenen Sohn versäumt zu

haben glaubt. Doch der wohlmeinende Rettungsversuch scheint zu spät zu kommen. Tommy, der mit seiner Schwester und seiner behinderten und alkoholkranken Mutter zusammenlebt, arbeitet bereits für einen Drogenring, der unter dem zynischen Decknamen *Youth Incentive Program* (YIP) Crack produziert und unter die Leute bringt. Chef dieser Organisation ist ein gewisser Carlos (Benjamin Bratt), der Kinder und Jugendliche mit der Verlockung des schnellen Geldes ködert und dann wie Sklaven für sich arbeiten läßt.

Zu zart, zu lieb, zu unschuldig: als Sozialarbeiter in ›Chains of Gold‹

Als Tommy plötzlich verschwindet, macht sich Scott besorgt auf die Suche nach dem Jungen. Die Spuren führen ihn zu Carlos und seiner Organisation. Da er allein nicht weiterkommt, nimmt Scott Kontakt zu seiner Ex-Frau Jackie (Marilu Henner) auf, die als Anwältin für YIP tätig ist. Mit ihrer Hilfe gelingt es ihm, sich in die Organisation einzuschleichen. Durch das gemeinsame Ziel, Tommy zu befreien und Carlos zu erledigen, kommen sich Scott und Jackie auch persönlich wieder näher. Schließlich ist sie sogar bereit, mit ihrem Ex-Mann einen Neubeginn zu wagen. Doch als Scotts Tarnung auffliegt, läßt Carlos Jackie umbringen. Von der Polizei im Stich gelassen, die ebenfalls einen Mann in die Organisation eingeschmuggelt hat und diesen nicht gefährden möchte, schwört Scott Rache. Er erschießt den Mörder seiner Frau und rettet den Jungen in letzter Sekunde aus der Hölle der Crack-Fabrik.

Für *Chains of Gold* versuchte sich John Travolta erstmals auch als Drehbuchautor – gemeinsam mit John Petz, Linda Favila und Anson Downes. Mit bescheidenem Erfolg, denn das Drehbuch ist nicht gerade eine Meisterleistung. Langatmig erzählt der Film seine Geschichte; die Auseinandersetzung mit der Drogenszene, ihren Hintergründen und Ursachen bleibt jedoch oberflächlich. Die Handlung ist ziemlich konfus, und die Personen überschreiten gelegentlich unfreiwillig die Grenze zur Komödie. Carlos führt seine Organisation in einem merkwürdigen Stil irgendwo zwischen despotischem Sektenführer und dynamischem Verkaufsleiter mit einer Schar von Außendienstlern. Wer nicht spurt, wird zu Sklavenarbeit in den Kellergewölben der Factory verdonnert, in einen Käfig gesperrt oder den Krokodilen zum Fraß vorgeworfen. Andererseits aber läßt Carlos sich auf Versammlungen von seinem Personal bejubeln und belohnt die erfolgreichsten Vertreter in Sachen Rauschgift mit den brillantgeschmückten goldenen Ketten, denen der Film seinen Titel verdankt.

Travolta kann in der Rolle des Scott Barnes nicht überzeugen – den Sozialarbeiter und ehemaligen Trinker nimmt man ihm einfach nicht ab. Sauber, kühl und scheinbar unbeteiligt werkelt er sich durch das Melodrama. Auch Joey Lawrence als Tommy wirkt so gar nicht wie ein abgebrühtes Straßenkind –

er wirkt viel zu zart, zu lieb und zu unschuldig, um in dieser Welt auch nur einen Tag zu überleben.

Vorbestrafter Pädagoge

Nach seinem Ausflug in das Action-Genre als Sozialarbeiter schlüpfte Travolta in dem Teenager-Musikfilm *Shout* in die verwandte Rolle eines Lehrers – das Resultat ist ein durchaus vergleichbares Desaster. Der Film spielt in den fünfziger Jahren in Texas. Jack Cabe (John Travolta) ist ein Musiker, der sich nach Texas abgesetzt hat, weil er in einem anderen US-Staat wegen Mordes gesucht wird. Hier nimmt er an der Benedict School for Boys eine Stelle als Musiklehrer an.

Wie schon in *Chains of Gold* widmet sich Travolta in der Rolle des Jack Cabe einem besonders problematischen Jungen, dem aufmüpfigen und tendenziell kriminellen Schüler Jesse

Als Musiklehrer in ›Shout‹

Tucker (James Walters). Musik, genauer gesagt Rock'n'Roll, soll – so stellt Cabe sich das vor – die überschüssige Energie der Kids in kreative und vor allem gewaltfreie Bahnen lenken. Diese Art von Musikunterricht aber paßt nun so gar nicht in das pädagogische Konzept des autoritären Schulleiters Eugene Benedict (Richard Jordan). Ausgerechnet dessen Töchterlein Sara (Heather Graham) will Jesse verführen, darauf hat er eine Wette abgeschlossen. Das gelingt ihm auch, weil Sara mitspielt, trägt aber nicht gerade dazu bei, sein Verhältnis zu ihrem Vater zu verbessern.

Auch Jacks Privatleben sorgt für Konfliktstoff. Denn er vergnügt sich in seiner Freizeit mit Molly (Linda Fiorentino), der Besitzerin eines Tanzclubs und, was in diesem Fall schwerer wiegt, der Ex-Freundin des örtlichen Sheriffs. Bevor die Handlung endgültig in Nichtigkeiten versandet, rafft sich der Film zu seinem Finale auf. Jack, von seiner Vergangenheit eingeholt, steht vor der Wahl, noch einmal zu fliehen und damit die Jungs ihrem Schicksal zu überlassen, oder sich zu stellen ...

Ausstattung und Details dieses in traumhaft schöner Landschaft gedrehten Films sind bisweilen unstimmig. *Shout* ist in den fünfziger Jahren angesiedelt, doch dahin passen weder das Styling der Jugendlichen noch ihr Auftreten. Auch Saras lockerer Umgang mit Sexualität ist im prüden Amerika der fünfziger Jahre nur schwer vorstellbar. Die Musik hält sich ebenfalls nicht an den Zeitrahmen der Handlung: Die bekanntesten Songs des Soundtracks stammen aus den achtziger Jahren.

Das geschenkte Comeback

Inzwischen war Travolta fast 40, und Hollywood schien ihn
endgültig abgeschrieben zu haben. Er tat allerdings auch selbst
nicht viel, um im Gespräch zu bleiben. 1991 hatte er die Schauspielerin Kelly Preston geheiratet, im Jahr darauf wurde Söhn-
chen Jett geboren. Travolta entwickelte sich zum leidenschaftlichen Vater und Familienmenschen, vernachlässigte den Kontakt zu wichtigen Leuten und ging nicht auf die richtigen Parties.

Finanzielle Sorgen brauchte man sich im Hause Travolta trotz
des höchst luxuriösen Lebenswandels bereits seit *Saturday
Night Fever* und *Grease* nicht mehr zu machen. Travoltas Gespür für Geldanlagen war schon immer besser entwickelt als
jenes für die richtige Rollenwahl. Zu Anfang seiner Karriere
sei er ein klassischer Neureicher gewesen, doch dann habe er
sich am echten Geldadel orientiert und gelernt, seinen Besitz
zusammenzuhalten und zu mehren (*Entertainment Weekly,*
21.10.1994). Das war ihm so gut gelungen, daß in den Medien
ab und zu die Frage laut wurde, wie Travolta, allenfalls ein Mul-
timillionär, das Leben eines Milliardärs führen könne.

1991 hatte Travolta sich auf einer kleinen Insel vor der Küste
von Maine ein bescheidenes Sommerhäuschen mit 20 Zimmern und fast ebenso vielen Bädern gekauft, wohin er sich mit
seiner Familie zurückziehen konnte. Ansonsten lebten die Travoltas abwechselnd in Daytona Beach/Florida oder in Carmel
an der kalifornischen Küste. Hier wie dort widmete sich der
verschmähte Star überwiegend den angenehmen Seiten des
Lebens, als da sind Flugzeuge, Luxuskarossen und gutes Essen.
Kein Wunder, daß sein zu *Staying Alive*-Zeiten von Sylvester
Stallone höchstselbst gestählter Luxusbody ganz schön aus
den Fugen gegangen war.

Frau und Kind hatten die Werteskala verschoben, die Karriere
schien nicht mehr so wichtig. Vielleicht hatte ihn auch die lan-

ge berufliche Durststrecke mürbe gemacht. Jedenfalls war der ehemals extrem ehrgeizige und stets selbstbewußt und optimistisch in die Zukunft blickende John Travolta bereit, sich von seinen hochfliegenden Zielen zu verabschieden: »Jede neue Produktion hatte mich ein wenig hoffen lassen, aber letztes Jahr habe ich dann beschlossen, einfach mein Leben zu leben und mir keine Sorgen mehr um meine Karriere zu machen«, sagte er 1994 der *L. A. Times* (9.10.1994).

Rückblickend ließ sich das natürlich leicht sagen. Denn inzwischen hatte die Geschichte des John Travolta eine überraschende Wendung genommen; er war wie Phönix aus der Asche aus der Versenkung aufgetaucht – und besser als je zuvor. Initiator dieser Metamorphose vom verglühten Stern zum Oscar-Kandidaten und zu einem der bestbezahlten Schauspieler Hollywoods war kein anderer als Quentin Tarantino.

Genialer Autodidakt

Quentin Tarantino gehört zu den schillerndsten Gestalten in der jüngsten Geschichte Hollywoods und wird heute in einem Atemzug mit Kult-Regisseuren wie Jim Jarmusch genannt. Er wurde am 27. März 1963 in Knoxville, Tennessee, geboren; seine Mutter, ein Cherokee-Halbblut, ging zu diesem Zeitpunkt noch aufs College. Als Quentin zwei Jahre alt war, zog sie mit ihm nach Los Angeles, wo Tarantino aufwuchs und bis heute lebt.

Schon als kleiner Junge war Quentin ein absoluter Fan der bewegten Bilder, saß stundenlang vor dem Fernseher und ging liebend gerne mit seiner Mutter ins Kino. Die Schule langweilte den hochintelligenten, wenngleich schwierigen Schüler; schon damals war es sein einziger Wunsch, Schauspieler zu werden. Alle Fächer schienen ihm öde, nur Geschichte machte dem Jungen Spaß – der historische Ablauf von Ereignissen war für ihn wie ein Film. Ansonsten scheint er von dieser Institution nicht allzuviel profitiert zu haben, denn mit Rechtschreibung tut er sich bis heute schwer. Auch praktische Dinge wie Schwimmen und Fahrradfahren lernte Tarantino erst spät und mühsam. Schließlich ging er kaum noch in die Schule, begann notorisch zu schwänzen, bis seine Mutter dem 16jährigen erlaubte, die High School zu verlassen. Er sollte nur sehen, wie hart das Leben ohne vernünftige Ausbildung sein würde.

Mit verschiedenen Jobs schlug er sich durch, arbeitete auch mal als Platzanweiser in einem Pornokino. Nebenher besuchte Tarantino eine Schauspielschule, doch als die Engagements ausblieben, brach er die Ausbildung ab. Schließlich wurde er Verkäufer in einem Video-Shop, und diese Videothek ersetzte dem jungen Tarantino die Filmschule: Nahezu wahllos verschlang er alle greifbaren Filme, diskutierte sie ausgiebig mit Kollegen und Kunden und entwickelte sich nach und nach zu einem wandelnden Filmlexikon.

Chaotisch und aufbrausend, geizig und ein wenig menschenscheu, aber trotz allem sehr sympathisch, so schildert sein Biograph Jeff Dawson Quentin Tarantino (Jeff Dawson, *Tarantino Inside Story,* London 1995). Tarantino habe sich gelegentlich mit Kunden der Videothek geprügelt und wegen unbezahlter Strafzettel mehrfach ins Gefängnis gemußt. Doch scheint er auch diese Erfahrung nutzbringend umgesetzt zu haben: Er beobachtete seine Mithäftlinge, hörte ihnen zu und speicherte alles in seinem Gedächtnis, um später in seinen Filmen darauf zurückzugreifen.

Parallel zu seinem Job in der Videothek versuchte Tarantino weiterhin, als Schauspieler Fuß zu fassen, allerdings mit höchst mäßigem Erfolg. Eine seiner wenigen Rollen war die eines Elvis-Presley-Imitators in der TV-Serie *Golden Girls.* Um sich als Schauspieler zu empfehlen, versuchte er sich 1986 mit seinem Freund, dem Drehbuchautor Craig Hamann, und 5000 Dollar Kapital an einem eigenen Filmprojekt: *My Best Friend's Birthday.* Der Film wurde nie fertig, weil im Labor einige Filmrollen ruiniert wurden und den beiden Jungfilmern das Geld fehlte, um neu zu drehen. Doch Tarantino lernte eine Menge bei dem Projekt.

Mit der Karriere als Schauspieler ging es trotzdem nicht so recht weiter. Also beschloß Tarantino, das Metier zu wechseln. »Wenn mich niemand als Schauspieler engagiert, mache ich eben meine eigenen Filme«, verkündete er selbstbewußt. Er begann Drehbücher zu schreiben, die er irgendwann selbst verfilmen wollte. 1987 hatte er zwei fertige Storys: *True Romance* und *Natural Born Killers.* Mehrere Jahre lang versuchte er vergeblich, Geld aufzutreiben und das Interesse von Filmgesellschaften und privaten Investoren an seiner Arbeit zu wecken. Des Wartens und der leeren Versprechungen müde, verkaufte er schließlich beide Bücher: *True Romance* wurde 1993 unter der Regie von Tony Scott mit Christian Slater und Patricia Arquette verfilmt, *Natural Born Killers* 1994 von Oliver Stone mit Woody Harrelson und Juliette Lewis in den Hauptrollen realisiert.

Mit der Verfilmung von *Natural Born Killers* wollte Tarantino nach wenig erfreulichen Disputen mit Oliver Stone über nicht abgesprochene Änderungen des Drehbuchs im nachhinein nichts mehr zu tun haben. In den Credits wird er auch nicht als Drehbuchautor genannt; offiziell zeichnen David Veloz, Richard Rutowski und Oliver Stone selbst für die Story verantwortlich. Aber immerhin erhielt Tarantino für seine Arbeit an dem Buch 350.000 Dollar Honorar plus eine prozentuale Beteiligung.

Außerdem hatte er als Auftragsproduktion das Buch zu dem Horrorfilm *From Dusk Till Dawn* geschrieben und damit endlich das Startkapital für sein erstes eigenes Projekt zusammen: *Reservoir Dogs (Reservoir Dogs – Wilde Hunde),* die Geschichte eines mißglückten Juwelenraubs, die er ebenfalls schon lange herumtrug. Der merkwürdig anmutende Titel, wörtlich übersetzt etwa »Reservoir- oder Bassinhunde«, beruht übrigens auf einem witzigen Mißverständnis, wie Tarantinos Mutter Jeff Dawson verriet. Einst habe eine Freundin mit Quentin im Kino den Film *Au revoir les enfants* ansehen wollen. Doch der, des Französischen nicht kundig, habe geantwortet: »Ich will keine verdammten *reservoir dogs* sehen.«

Reservoir Dogs habe er seinerzeit geschrieben, weil Gangsterfilme ihm immer einen besonderen Kick gäben und er lange Zeit keinen mehr gesehen hatte: »Also dachte ich, ich schreib' einfach selbst einen.« (Zitiert nach Dawson) Für einen Schwarzweiß-Film auf 16 Millimeter hätte Tarantinos eigenes Kapital ausgereicht. Doch dann lernte er Lawrence Bender kennen, und der, den Tarantino ebenso faszinierte wie sein

Triumph in Cannes: Quentin Tarantino freut sich 1994 über die Goldene Palme für ›Pulp Fiction‹

Drehbuch, konnte nicht nur Harvey Keitel für das Projekt gewinnen, sondern trieb bei Live Entertainment zudem noch 1,5 Millionen Dollar für die Produktion auf.

Reservoir Dogs entstand 1991 und sorgte für beachtliches Aufsehen. Bei der Uraufführung des Films beim Sundance Festival 1992 in Park City/Utah sollen Karten zu Schwarzmarktpreisen von bis zu 100 Dollar gehandelt worden sein. *Reservoir Dogs* gewann zwar keinen Preis, war aber das Gesprächsthema während des Festivals. In Europa, wo der Film im Januar 1993 anlief, fieberten Publikum und Filmkritik dem Erstlingswerk bereits entgegen – Tarantino hatte persönlich im Vorfeld für die notwendige Promotion gesorgt. Und in der Alten Welt wurden der Regisseur und sein Film von Kritik und Zuschauern noch begeisterter aufgenommen als in den USA.

Der Erfolg von *Reservoir Dogs* kam auch für Tarantino überraschend; das Klischee vom Aufstieg über Nacht und aus dem

Nichts läßt er aber nicht gelten: »Das war unter anderem möglich, weil ich mir bereits in der Branche meinen Lebensunterhalt verdiente und unter meinem Namen ein Drehbuch verkauft hatte. Ich hatte zwar niemals vorher Regie geführt, aber ich war ein professioneller Autor. Die Geschichte vom Aschenputtel? Vielleicht ein bißchen, aber in der Realität hat schon etwas mehr dazugehört.« (Zitiert nach Dawson) Etwas mehr? Hier untertreibt Tarantino offenkundig, denn eigentlich hatte er sein ganzes Leben lang nichts anderes als Kino im Kopf gehabt und sich über einen Zeitraum von 15 Jahren mühsam bis zu seinem ersten eigenen Film durchgekämpft.

Zwei vom gleichen Schlag

Tarantino war spätestens seit *Blow Out* ein ausgewiesener Travolta-Fan und dachte gar nicht daran, diese Meinung zu ändern, nur weil Travolta in Hollywood gerade wenig Beachtung genoß. »Er ist einer der besten amerikanischen Schauspieler. In *Blow Out* war er großartig. Ich habe mir diesen Film immer und immer wieder angesehen und mich gewundert, warum andere Regisseure ihn nicht engagierten.« (Zitiert nach Dawson) Tarantino war in jungen Jahren Schauspielschüler bei James Best gewesen, und Travoltas Art, mit Rollen umzugehen, kommt Bests Vorstellung von diesem Metier sehr nahe: Natürlichkeit, Verzicht auf hektische Gestik und überzogene Mimik – eben einfach cool. Diese schnörkellose Darstellung, die Travolta immer wieder den Vorwurf eingebracht hatte, nicht zu schauspielern, sondern nur sich selbst darzustellen, wußte ein Tarantino zu schätzen.

Während der Dreharbeiten zu *Look Who's Talking Now* in Vancouver nahm Tarantino Kontakt zu Travolta auf und lud ihn ein, sich in Los Angeles zu einem Gespräch zu treffen. Travolta nahm die Einladung an, und man traf sich zum Lunch im *Four Seasons Hotel* in Beverly Hills.

Allzuviel hatte Travolta sich von dieser Begegnung nicht versprochen. Er kannte *Reservoir Dogs* und fragte sich zwangsläufig, was für einen Part er wohl in einem Tarantino-Film übernehmen könnte. Andererseits schmeichelte ihm Tarantinos Interesse. Und schaden konnte es sicher nicht, den genialen Regisseur kennenzulernen.

Nach dem Essen gingen die beiden in Tarantinos Wohnung – wie Dawson berichtet, war es genau das Apartment, in dem 19 Jahre zuvor John Travolta gelebt hatte. Die Vinnie-Barbarino-Figur auf dem Sims, die Brettspiele zu *Welcome Back, Kotter* und *Grease* in Tarantinos umfangreicher Sammlung – diese fast kindliche Verehrung dürfte Travolta gerührt haben. Dann spielten die beiden Männer das *Grease*-Spiel, und weil es eigentlich nicht besonders spannend ist, veränderten sie den Ablauf: Wann immer der Titel eines Songs vorkam, unterbrachen sie das Spiel und sangen gemeinsam diesen Song. Das jedenfalls ist die Version der *L. A. Times* über den Beginn einer wunderbaren Freundschaft (9.10.1994).

Tarantino schrieb damals bereits an dem Drehbuch zu seinem nächsten Film, *Pulp Fiction,* hatte aber zu diesem Zeitpunkt noch nicht an ein Engagement Travoltas bei diesem Projekt gedacht. Für die Rolle des Vincent Vega hatte Tarantino zunächst Michael Madsen im Hinterkopf, der bereits in *Reservoir Dogs* mitgewirkt hatte. Als er absagte, dachte Tarantino kurzfristig an Daniel Day-Lewis, fand dann aber, als man sich näher kennengelernt hatte, in Travolta seinen Wunschkandidaten.

Nach Fertigstellung des Drehbuchs schickte Tarantino ihm deshalb ein Exemplar zu. Travolta war schwer beeindruckt, fand es »überaus geistreich, lebendig, einzigartig und realistisch. Ich dachte, ich würde diese Rolle wahnsinnig gerne spielen, aber sie werden es auf keinen Fall zulassen.« (*L. A. Times,* 9.10.1994) Das Buch sei so gut geschrieben, so klar und so komplex gewesen, daß er innerlich auf Abstand gegangen sei – vor allem, weil er sicher war, daß Tarantino ihm keine Rolle in diesem Film würde geben können. Man würde ihm schon ausreden, ausgerechnet Travolta zu nehmen, wo er doch heißere Schauspieler haben könne. Also rief Travolta Tarantino an und sagte: »Dies ist eines der besten Drehbücher, die ich je gelesen habe, und eine der besten Rollen, die ich mir vorstellen kann. Viel Glück also, denn ich kann mir nicht vorstellen, daß du mich da reinbringst.« (*Sky Magazine,* August 1994)

Travoltas Zweifel waren mehr als berechtigt. Tarantinos Wahl stieß – vorsichtig ausgedrückt – nicht gerade auf einhellige Begeisterung. Im Gegenteil: Vermutlich war Travoltas Verpflichtung für eine der tragenden Rollen der tatsächliche Grund, daß sich TriStar von dem Projekt zurückzog. Auch Produzent Lawrence Bender war eher erstaunt: »Du kannst jeden Schauspieler der Welt haben, warum willst du ausgerechnet John Travolta?« fragte er fassungslos. (Zitiert nach Dawson) Doch letzten Endes setzte Tarantino sich durch. Ob er so weit ging und, wie Travolta in der *Los Angeles Times* behauptet hat, tatsächlich den Film riskierte, um seinen Wunschkandidaten durchzubringen, ist allerdings nicht verbürgt.

Travolta jedenfalls zeigte Verständnis für die Vorbehalte der Produzenten gegen ihn als Hauptdarsteller: »Man darf ihnen das nicht übelnehmen. Filme sind sehr teuer, und sie wollten auf Nummer Sicher gehen. Ich könnte mir vorstellen, wenn ich Produzent wäre, hätte ich die gleichen Überlegungen angestellt.« (*People,* 14.11.1994)

Travolta wußte sehr wohl, was ihm da angeboten wurde. Für ihn war *Pulp Fiction* die Chance, im Filmbusineß wieder etwas an Boden zu gewinnen. Deshalb akzeptierte er eine Gage – 140.000 Dollar, so hieß es –, die nicht einmal seine laufenden Kosten während der Drehzeit deckte. Denn um sich nicht von seiner Familie trennen zu müssen, zog er samt Anhang in ein nobles Hotel. Er habe *Pulp Fiction* als Investition betrachtet, erklärte Travolta später, und die habe sich wirklich ausgezahlt.

Pulp Fiction

Als Berufskiller wird der Schauspieler Travolta endlich
ernst genommen

Mit dem Drehbuch zu *Pulp Fiction* hatte Tarantino sich mehrere Jahre lang beschäftigt. Die Idee war, aus mehreren Kurzgeschichten einen Film zu machen. Der etwas erklärungsbedürftige Titel ist Programm, denn er macht deutlich, welche Tradition Tarantino mit seinem neuen Film weiterzuführen gedachte. *Pulp Fiction,* so wurden die auf billiges Papier *(pulp)* gedruckten Groschenromane in den USA der dreißiger und vierziger Jahre genannt. Die Kriminalromane von W. R. Burnett, Dashiell Hammett oder Raymond Chandler gehören in dieses Genre. Schon der amerikanische *film noir* hatte sich ihrer als Vorlagen bedient. Man denke zum Beispiel an *The Maltese Falcon (Der Malteserfalke)* oder *The Big Sleep (Der große Schlaf).* Bis das Drehbuch für *Pulp Fiction* endgültig stand, wurde es mehrfach umgeschrieben, neue Episoden kamen hinzu, andere wurden gestrichen oder entwickelten sich zu eigenen Filmprojekten. Ursprünglich hatte Tarantino für jede Geschichte einen anderen Autor haben wollen; eine Weile spielte er auch mit dem Gedanken, jede der Stories von einem anderen Regisseur realisieren zu lassen – an seinem nächsten Projekt *Four Rooms* sollten dann tatsächlich vier Regisseure mitarbeiten. Mit bescheidenem Erfolg allerdings: »Vier Regisseure, die gemeinsam unausstehlich sind«, urteilte das Kulturmagazin *Spiegel extra* (2/1996) bissig.
Was *Pulp Fiction* angeht, ließ Tarantino diese Idee allerdings bald wieder fallen, und auch das Drehbuch stammt in der Endfassung überwiegend aus seiner Feder. Roger Avary hat wohl nur die Episode *Die goldene Uhr* beigesteuert. Als dann *Pulp Fiction* zum Kultfilm wurde und die Nominierung für einen Oscar für das beste Drehbuch vorlag, brach der unvermeidliche Streit darüber aus, welcher der beiden Autoren wieviel Anteil an dem Skript habe und ob Avary überhaupt zu Recht als Drehbuchautor firmieren dürfe.

Doch dieses Gezänk – das unerfreulicherweise öffentlich ausgetragen wurde – begann erst später. Zunächst galt es, Finanziers für das Projekt zu finden. TriStar hatte sich nach Durchsicht des Drehbuchs von *Pulp Fiction* zurückgezogen – zuviel Gewalt und Brutalität, hieß es offiziell. Andere potentielle Geldgeber argumentierten ähnlich. Schließlich übernahm Miramax, kurz zuvor von Disney aufgekauft und entsprechend liquide, die Finanzierung.

Das Budget war auf 8,5 Millionen Dollar kalkuliert worden. Nicht eben viel, wenn man bedenkt, daß Tarantino eine Starbesetzung für die zwölf tragenden Rollen vor Augen hatte. Zu seinem Glück ging es den auserwählten Darstellern bei *Pulp Fiction* nicht in erster Linie ums Geld. Alle waren vom Drehbuch begeistert und wollten den Film unbedingt machen. Harvey Keitel und Tim Roth hatten, ebenso wie viele Mitglieder des technischen Stabs, auch schon in *Reservoir Dogs* mit Tarantino gearbeitet und den genialen Regisseur schätzengelernt. Um etwaigen Eifersüchteleien unter den Stars von Anfang an den Boden zu entziehen, sollen alle pro Drehwoche den gleichen Betrag erhalten haben.

Im falschen Film?

»Die Idee hinter *Pulp Fiction* war, traditionelle Situationen aufzugreifen, wie man sie schon millionenfach gesehen hat: der Boxer, der einen Kampf verlieren soll, es aber nicht tut, oder der Gangster, der die Frau seines Bosses am Abend ausführen soll. Die dritte Geschichte, *Der Wolf,* besteht im Grunde aus fünf Minuten eines Joel-Silver-Films: Zwei Auftragskiller bringen einige Burschen um, dann schneidet man zu Arnold Schwarzenegger, der ein paar hundert Meilen entfernt ist, und schließlich schmelzen die beiden Rollen zusammen. Was ich beispielsweise mit der dritten Geschichte erreichen wollte, ist, bei Vincent und Jules zu bleiben, nachdem sie ihre Geschäfte erledigt haben, und zu beobachten, was mit ihnen im weiteren Verlauf des Vormittags passiert.« (Quentin Tarantino, *Pulp Fiction*)

Tarantino erzählt seine Geschichten in *Pulp Fiction* nun aber

Mit Samuel L. Jackson, Harvey Keitel und Quentin Tarantino bei den Dreharbeiten zu ›Pulp Fiction‹

nicht etwa ordentlich nacheinander, sondern hat sie inhaltlich, räumlich und personell, aber auch zeitlich miteinander verschlungen. »Ich wollte die einzelnen Geschichten so miteinander verknüpfen, daß der Betrachter am Ende meint, er hätte nur einen Film gesehen, einen Film über eine Ansammlung von Charakteren«, erläuterte Tarantino sein Anliegen. (Quentin Tarantino, *Pulp Fiction*)

Dazu springt er von einer Story zur anderen, unterbricht die Handlung und nimmt den Faden an anderer Stelle wieder auf. Als ob der Zuschauer vor dem Fernseher sitzt und mit der Fernbedienung zwischen mehreren Filmen hin und her schaltet, dabei aber gelegentlich auf verschiedenen Kanälen den gleichen Personen begegnet. Oder als ob auf allen Kanälen der gleiche Film läuft, aber zu unterschiedlichen Zeiten angefangen hat: Auf Kanal A wird Vincent von Butch, dem Boxer, im

Bad erschossen, während er auf Kanal B ein paar Minuten später noch gemütlich mit Jules beim Frühstück sitzt. Wer völlig unvorbereitet mit Tarantinos Erzählweise konfrontiert wird, könnte gar meinen, der Vorführer habe die Filmrollen vertauscht.

Gespräch mit dem Spiegel

Ist dieses zeitliche Puzzle entwirrt, ergibt sich etwa folgendes Bild vom chronologischen Handlungsablauf: Die beiden Killer Vincent (John Travolta) und Jules (Samuel L. Jackson) sollen im Auftrag ihres Chefs Marsellus Wallace (Ving Rhames) mit ein Paar Ganoven abrechnen, die es gewagt haben, den großen Boß zu betrügen. Auf dem Weg zu ihrer Arbeit plaudern sie tiefsinnig über Pommes frites mit Mayonnaise, die Haschbars in Amsterdam und die Erotik von Fußmassagen. Weil sie das Gefühl haben, ein wenig zu früh zu sein, warten sie noch einige Minuten, bevor sie die Wohnung betreten. Nach einigem verbalen Vorgeplänkel – Jules gibt seinen Opfern mit Vorliebe einen bestimmten Bibelvers mit auf den Weg – beginnen sie kühl und unbeteiligt mit ihrem blutigen Job. Doch bevor sie ihre Arbeit vollständig erledigt haben, entgehen sie selbst nur knapp den Schüssen eines weiteren Mannes, der sich bis dahin im Bad versteckt hatte. Leicht geschockt verlassen Jules und Vince das Apartment und nehmen den letzten Überlebenden kurzerhand mit.

Während der Rückfahrt debattiert das Duo heftig über die wundersame Rettung, und dabei schießt Vincent aus Versehen dem jungen Mann in den Kopf. Jetzt sitzen sie ziemlich in der Klemme, denn es ist hellichter Tag. Sie fahren zu Jimmie, einem Freund von Jules, um den blutbespritzten Wagen zu reinigen und die Leiche loszuwerden. Der ist zwar von diesem überraschenden Besuch nicht gerade begeistert, spielt aber mit. Jules verständigt Marsellus, und der schickt den Wolf (Harvey Keitel), einen Spezialisten für solche Fälle. Der tut zwar selbst nichts, gibt aber die richtigen Anweisungen, und ein paar Stunden später ist das Problem vom Tisch.

Erleichtert gehen Vincent und Jules anschließend in ein Restaurant zum Frühstücken und werden prompt in einen Überfall verwickelt. Das zweitklassige Amateur-Gangsterpärchen Pumpkin (Tim Roth) und Honey Bunny (Amanda Plummer) hatte soeben entschieden, es sei ungefährlicher und einträglicher, zukünftig Restaurants anstelle von Schnapsläden auszurauben, und setzt diese Einsicht auch gleich in die Tat um. Daß mit Vincent und Jules gerade zwei Profis in eben diesem Restaurant zu speisen wünschen, können sie ja nicht ahnen. Doch Jules, immer noch unter dem Eindruck des, wie er meint, göttlichen Wunders, das ihm und Vincent ein paar Stunden zuvor das Leben rettete, ist milde gestimmt. Er schenkt den beiden das Leben, gibt ihnen sogar freiwillig Geld und läßt sie laufen. Anschließend gehen Vince und Jules zu ihrem Chef Marsellus. Dort treffen sie auf den Boxer Butch (Bruce Willis). Der hat seinen sportlichen Zenit längst überschritten und gefälligst seinen nächsten Kampf zu verlieren, wie Marsellus ihm eben mit Geld und sanften Drohungen klarmacht.

Am nächsten Abend muß Vincent Marsellus' verführerische Frau Mia (Uma Thurman) ausführen. Er besorgt sich zunächst Heroin, macht dann brav Konversation und läßt sich sogar überreden, mit ihr an einem Preistanzen teilzunehmen. Dann bringt er Mia nach Hause und glaubt sich schon fast seiner heiklen Aufgabe entledigt: »Einen Drink, das ist alles. Sei nicht unhöflich, trink deinen Drink, aber tu es schnell. Sag gute Nacht, und dann nichts wie weg«, beschwört er sich selbst in einer herrlichen Szene vor dem Spiegel im Badezimmer. Doch als er da rauskommt, hat Mia sich an seinem Heroin zu schaffen gemacht (das sie für Kokain hält) und eine Überdosis erwischt. Nun liegt sie bewußtlos mit Schaum vor dem Mund auf dem Boden. Von Panik erfaßt, bringt Vincent sie zu seinem Dealer Lance (Eric Stoltz), und in letzter Sekunde gelingt es den beiden, Mias Tod zu verhindern: Unter der Anleitung von Lance jagt Vincent ihr eine riesige Adrenalinspritze direkt ins Herz.

Zeitgleich oder an einem anderen Abend, das bleibt offen, muß der Boxer Butch in den Ring. Er hat sich zwar kaufen lassen, hat aber nicht vor, sich an die Absprache zu halten. Statt wie ausgemacht in der fünften Runde zu Boden zu gehen, tötet er im Kampf seinen Gegner und flieht. Marsellus ist natürlich sauer und weist seine Leute an, Butch zu suchen. Der vergnügt sich indes in einem Motel mit seiner Freundin Fabienne (Maria de Medeiros). Als die beiden packen, um die Stadt zu verlassen, vermißt Butch die goldene Taschenuhr seines Großvaters, deren bizarre Geschichte der Zuschauer aus Butchs Traum bereits kennt. Um das gute Stück zu holen, riskiert er sein Leben und kehrt noch einmal in seine Wohnung zurück. Dort wird er von Vincent bereits erwartet. Doch eben in dem Moment ist Vincent aufs Klo gegangen – leichtsinnigerweise ohne seine Maschinenpistole. Als er rauskommt, schießt Butch ihn damit nieder. Auf dem Weg zurück ins Motel begegnet Butch zufällig Marsellus. Die Verfolgung endet im Laden eines Pfandleihers, wo beide zwei Perversen in die Hände fallen. Butch kann fliehen und befreit Marsellus aus einer höchst prekären Lage – jetzt sind die beiden quitt, und Butch kann mit Fabienne ungefährdet die Stadt verlassen.

Der letzte Twist?

Übergewichtig und mit fettigen, schulterlangen Haaren – es dürfte vielen Fans schwergefallen sein, in dem heroinabhängigen Gangster Vincent den schlanken, durchgestylten Knaben aus *Saturday Night Fever* und *Staying Alive* wiederzufinden. Doch dann tanzt Travolta, und anderthalb Jahrzehnte sind vergessen.

Vincent alias John Travolta tanzt mit Mia – um einen Pokal, um das künftige Wohlwollen seines Bosses und letzten Endes um sein Leben. Lustlos und auf Strümpfen folgt er ihr aufs Parkett und beginnt zu Chuck Berrys *You Never Can Tell* mit sparsamen Bewegungen zu twisten – eine herrliche Persiflage auf Travoltas vergangenes Eintänzer-Image, die er mit einer Geste aus *Saturday Night Fever* krönt, indem er die zum V gespreizten Finger an den Augen vorbeiführt.

Travolta gefiel diese Szene, vor allem weil sie für Vega furchtbar sein mußte: »Vincent konnte den Tanz nicht genießen, weil er diesen Tanz als Pflicht empfand. Man hat zwar den Eindruck, daß er grundsätzlich gerne tanzen würde, ihm das aber mit einer anderen Frau mehr Spaß machen würde. Mir gefiel die Vielschichtigkeit dieser Situation. Er mußte mit einer Frau tanzen, die ihn vielleicht indirekt töten würde. Sie wissen ja, er ist high, sein Leben ist in Gefahr, und er muß tanzen.« (*Sky Magazine,* August 1994) Mit diesem Twist verabschiedete sich John Travolta als Tänzer von seinen Fans: Nie mehr im Leben wolle er vor der Kamera tanzen. Für kein Geld der Welt, erklärte er Jan Dreier in *Gala* (14.12.1995).

Auch sonst liebte Travolta die Rolle des Vincent Vega und empfand es als echte Herausforderung, diesen vielschichtigen Charakter darzustellen: »Er ist grausam und charmant, er ist klug und macht dumme Sachen. Wie soll man all das bei einem Typen unter einen Hut bringen. Das herauszufinden war eine interessante Erfahrung.« (*Die Woche,* 4.11.1994) Und er schwärmte von der Zusammenarbeit mit Quentin Tarantino. Denn der hatte ihm nicht nur eine Rolle in diesem wunderba-

Mit Uma Thurman beim Twist: ›Pulp Fiction‹

ren Film gegeben, er ließ Travolta auch viel Gestaltungsspielraum. »Was ich am erstaunlichsten an dem Film fand, war die Tatsache, daß es keine einzige Entscheidung von mir gab, die Tarantino nicht abgesegnet hat – jeder andere Regisseur hätte sich da vor Schiß in die Hosen gemacht. Ich hab' den Atem angehalten, als ich fragte, ob Vince lange Haare haben dürfe, ob er diese Klamotten tragen könne. Ich hab' den Atem angehalten und gehofft, daß die Art des Sprechens, des Gehens so bleiben könne, wie ich es mir vorstellte. Und Quentin hat alles akzeptiert, ohne Ausnahme.« (*Rolling Stone,* März 1996)

Auch einige Änderungen im Drehbuch gingen auf Travoltas Initiative zurück. So sollte der junge Schwarze im Auto ursprünglich nach Vincents zufälligem Schuß noch leben – Vincent hätte ihm dann den Gnadenschuß geben müssen. Das war Travolta zu brutal, und so einigte man sich darauf, das Opfer gleich sterben zu lassen. (*L. A. Times,* 9.10.1994)

Uncoole Euphorie

Kritiker und Journalisten reagierten geradezu euphorisch auf *Pulp Fiction* und überhäuften den Film mit Superlativen: »Die Neu-Erfindung des amerikanischen Mainstream-Kinos«, jubelte *Entertainment Weekly.* »Einer der überzeugendsten, einer der komischsten, einer der blutigsten Filme«, urteilte die *Frankfurter Allgemeine,* und die *New York Times* bescheinigte Tarantino und seinem Film »beispiellose Originalität«. Die Zuschauer stürmten die Kinos, der Film, der nur 8,5 Millionen Dollar gekostet hatte, spielte über 150 Millionen Dollar ein; das veröffentlichte Drehbuch gar fand sich in den USA auf der Bestsellerliste.

Was die Darsteller angeht, beherrschte ganz klar John Travolta das Medienecho, trotz seiner illustren Kollegen und obwohl Vincent Vega im klassischen Sinn keine Hauptrolle ist. Aber das unerwartete Comeback des ehemaligen Superstars, die für ihn so ungewohnte Rolle und die Brillanz, mit der er diese Herausforderung gemeistert hatte, bot Stoff für Porträts und Berichte. Um das Adjektiv, mit dem man Travolta schon seit *Saturday Night Fever* gelegentlich bedacht hatte, scheint seit

An der Schmerzgrenze in Sachen Brutalität und Gewalt?

Pulp Fiction kein Journalist im Zusammenhang mit Travolta mehr herumzukommen: Travolta ist *cool!* Das jedenfalls ist die einhellige Meinung der Medien, wie folgende Headlines belegen: »Daddy Cool« *(Wienerin)*, »Hollywoods cooler Schurke« *(Stern)*, »Ein verdammt cooler Hund« *(Tempo)* und »Mister Cool«. *(Die Woche)*

Exzessive Brutalität?

Bei allem Lob für *Pulp Fiction* wurde Tarantino insbesondere von der deutschen Kritik die Verherrlichung bzw. Verharmlosung von Gewalt vorgeworfen. Fraglos gibt es eine ganze Menge Tote in dem Film, doch rechtfertigt das, mit erhobenem Zeigefinger zu bemängeln, der Film schrecke auch vor »exzessiven, wenn auch satirisch überspitzten Gewaltszenen nicht zurück, die teilweise nur schwer verdaulich sind«, wie beispielsweise das *Lexikon des Internationalen Films* dies tat? Brutalität und Gewalt werden subjektiv höchst unterschiedlich empfunden, da hat jeder so seine eigene Schmerzgrenze. Entsprechend subjektiv sind die folgenden Anmerkungen und Behauptungen. *Pulp Fiction* ist auch für wenig abgebrühte Kinogänger kein Film, der als besonders brutal empfunden wird – brutal oder gewaltverherrlichend ist *Pulp Fiction* eigentlich nur bei analytischer, ergo kopfbestimmter Betrachtungsweise. Die erste Szene, in der Vincent und Jules ihren Job als Killer ausüben, geht zugegebenermaßen ziemlich unter die Haut – aber bevor tatsächlich getötet wird. Was brutal wirkt, ist die verbale Demütigung und Erniedrigung der Opfer. Wenn sie dann schließlich erschossen werden, ist das für das Publikum fast eine Erleichterung.

Auch in der Szene, in der Marsellus vergewaltigt wird, dürfte die Mehrheit der Zuschauer vorübergehend die Kartoffelchips vergessen. Doch die Gewalt, das brutale Geschehen ist gar nicht zu sehen. Was dem Zuschauer nahegeht, sind die Geräusche, aber vor allem seine eigene Vorstellung von dem, was da hinter der Tür vor sich geht. Die Phantasie ist erschreckender als die Bilder auf der Leinwand. Wenn in *Pulp Fiction* getötet wird, bleibt der Zuschauer kalt. Denn diese Form von Satire verhindert jegliches Grauen. Natürlich haben sich auch die Darsteller von *Pulp Fiction* Gedanken über dieses Problem gemacht. »Unbegründet Gewalt zu zeigen, ist nicht okay«, meinte Travolta dazu. »Aber wenn man anfängt, da einzugreifen, könnten Filme wie *Pulp Fiction, Schindler's List* oder *The Silence of the Lambs* nicht gemacht werden. Geschmack läßt sich nicht gängeln.« (*Rolling Stone,* Dezember 1995/Januar 1996)

Ob Filme wie *Pulp Fiction* die Gewaltbereitschaft von Jugendlichen verstärken, ist umstritten – ganz abgesehen davon, daß der Film sicher nichts für Kinder und erst ab 16 freigegeben ist. Bruce Willis, der den abgehalfterten Boxer Butch Coolidge spielte, sieht diese Gefahr nicht: »*Stirb langsam* oder *Pulp Fiction* stiften die Kids nicht zur Gewalt an. Sie werden kriminell, weil sie allein gelassen werden von ihren Eltern oder den Lehrern. Niemand erklärt ihnen den Unterschied zwischen richtig und falsch. Nur deswegen greifen sie zur Waffe. Nicht, weil es in meinen Filmen 500 oder 600 Tote gibt.« (*Cinema,* März 1996)

Triumph an der Côte d'Azur

Cannes, 20. Mai 1994. Verleihung der Auszeichnungen im Palais des Festivals, Höhe- und Schlußpunkt des alljährlichen Filmfestivals an der Côte d'Azur. Travolta war mit Quentin Tarantino und den anderen Akteuren von *Pulp Fiction* angereist, um den Film in Cannes vorzustellen. Und *Pulp Fiction* hatte eingeschlagen – Hollywoods Regiekomet und sein zweiter Film waren das Thema der Festspiele. Während der Abschlußveranstaltung beim *Pulp Fiction*-Team gespannte Erwartung, dann Irritation und Unruhe: Preis um Preis war vergeben worden, der Tarantino-Film aber unerwähnt geblieben.

Mit Ehefrau Kelly Preston 1994 beim Festival in Cannes

159

Sollte *Pulp Fiction* etwa gänzlich leer ausgehen, trotz des vielsagenden Hinweises der Veranstalter, man möge der Preisverleihung beiwohnen?

Als Jurypräsident Clint Eastwood *Pulp Fiction* zum Sieger im Wettbewerb um die Goldene Palme erklärte, die höchste Auszeichnung des Festivals, war die Sensation perfekt. Auf einen der Kritikerpreise hatte man gehofft, mit der Palme d'Or jedoch hatte niemand gerechnet. Vor allem Tarantino zeigte sich verblüfft: »Ich habe nicht damit gerechnet, jemals auf einem Festival von einer Jury ausgezeichnet zu werden, denn ich mache nicht die Art von Filmen, die Menschen zusammenbringen. Ich mache Filme, die gewöhnlich die Leute entzweien.« (Zitiert nach Dawson)

Travolta aber feierte in Cannes seine Wiedergeburt als Superstar, er war derjenige aus dem Tarantino-Team, der am meisten von Fans belagert und zu Interviews gebeten wurde. »Ich war überrascht, daß meine Darstellung in Cannes derartig Furore gemacht hat. Die Reaktion der Journalisten hat mich berührt, aber auch ein bißchen erschreckt. Daß meine Arbeit von allen Seiten gewürdigt wurde, hat mich tief bewegt.« (Zitiert nach Dawson)

Die Goldene Palme von Cannes war zwar die erste und wohl auch die wertvollste Auszeichnung, die der Tarantino-Film einheimste, sollte aber bei weitem nicht die letzte sein. *Pulp Fiction,* seine Darsteller und Macher wurden in den folgenden Monaten mit Preisen und Auszeichnungen geradezu überhäuft: Der Film wurde ausgezeichnet mit dem Preis der Filmkritiker von Los Angeles für den besten Film, die beste Regie, das beste Drehbuch und den besten Darsteller (John Travolta); vom National Board of Review mit dem Preis für den besten Film und die beste Regie; vom New York Critics' Circle mit dem Preis für die beste Regie und das beste Drehbuch; mit dem Golden Globe für das beste Drehbuch, mit dem Independent Spirit Award für den besten Spielfilm, die beste Regie, den besten männlichen Darsteller (Samuel Jackson) und das beste Drehbuch sowie von der BAFTA mit dem Preis für die beste Nebenrolle (Jackson) und das beste Drehbuch.

Diesem eindrucksvollen Publicity-Hagel würden sich wohl

auch die 5200 Mitglieder der Academy of Motion Pictures Arts & Sciences, die Hüter des berühmten Goldmännleins, nicht verweigern können. Insbesondere die Auszeichnung mit dem Golden Globe, dem Preis der in Hollywood akkreditierten Auslandspresse, gilt in der Branche als wichtige Vorentscheidung für die Oscar-Verleihung.

Pulp Fiction wurde dann auch tatsächlich für sieben Oscars nominiert: als bester Film, für Regie, Originaldrehbuch und Schnitt sowie mit seinen Darstellern John Travolta als bester Darsteller, Uma Thurman für die beste weibliche Nebenrolle und Samuel L. Jackson für die beste männliche Nebenrolle. Doch die Oscar-Verleihung 1995 wurde zum totalen Triumph von *Forrest Gump*. Das war zwar im Vorfeld abzusehen gewesen, denn immerhin war der Film mit Tom Hanks für 13 Oscars nominiert. Doch daß ihm gleich sieben der güldenen Statuetten zugesprochen wurden, war dann doch etwas überraschend – und für Travolta und Tarantino ziemlich enttäuschend. Für Tarantino blieb quasi als Trostpreis der Oscar für das beste Originaldrehbuch; John Travolta aber war nach 1978 zum zweitenmal ganz knapp an einem Oscar als bester männlicher Darsteller vorbeigeschlittert.

Im Grunde wäre der Oscar für Travolta nur korrekt gewesen, sozusagen als Entschuldigung Hollywoods dafür, daß es diesen Schauspieler eine halbe Ewigkeit mißachtet und übersehen hatte. Travolta hätte das sicher auch als eine Art Wiedergutmachung empfunden. Doch öffentlich zeigte er sich als fairer Unterlegener: »Ich bewundere Tom Hanks, bewundere ihn 100prozentig. Auch wenn's keiner glaubt, letztes Jahr habe ich bei der Oscar-Verleihung für ihn Stimmung gemacht. Dieses Jahr werde ich für mich selbst kämpfen, wenn ich das Glück habe, wieder dabeizusein.« (*Rolling Stone,* Dezember 1995/ Januar 1996)

Auf dem Weg zum Mars?

Mit *White Man's Burden, Get Shorty* und *Broken Arrow*
bleibt Travolta weiter auf Höhenflug

Mit *Pulp Fiction* hatte Travolta erreicht, was er bereits als 25jähriger angestrebt hatte – er wurde als Schauspieler ernst genommen. Selbst Medien wie *FAZ, Spiegel* und *Zeit* berichteten jetzt, nachdem er seine Rolle in Tarantinos Kultfilm derart bravourös absolviert hatte, ohne ironisch-spöttische Seitenhiebe über den ehemaligen Disco-Star.

Travolta war wieder ganz oben, vielleicht weiter als je zuvor. Wenigstens empfand er das so: *Saturday Night Fever* und *Grease* hätten ihn damals bildlich gesprochen auf den Mond befördert. Zwischendurch sei er zwar recht unsanft wieder auf der Erde gelandet, aber jetzt sei er mindestens auf dem Weg zum Mars, versuchte er im Oktober 1994 seine Euphorie auszudrücken. *(L. A. Times)*

In die überschwengliche Begeisterung mischten sich jedoch auch Zweifel – eineinhalb Jahrzehnte einer achterbahnartigen Filmkarriere hatten Travolta mißtrauisch werden lassen. »Anfang des Jahres (1995) begannen die Dreharbeiten zu *Get Shorty; Pulp Fiction* lief noch in den Kinos, und die Oscar-Kampagne begann. Ich fand das alles aufregend, machte mir aber Gedanken: Bin ich jetzt für ein Jahr Prinz, und dann ist alles wieder vorbei? *Saturday Night Fever* lag damals 18 Jahre zurück, also fragte ich mich: ›Wird es wieder 18 Jahre dauern?‹ Die nächsten Monate verliefen enttäuschend. Dann begannen die Dreharbeiten zu *Broken Arrow*. Ich spielte in dem Actionfilm einen Psychopathen, und das machte mir irrsinnigen Spaß. Kurz darauf kam *Get Shorty* in die Kinos und wurde ein großer Erfolg. Da fing ich an zu glauben, daß diese Erfolgssträhne vielleicht noch eine Weile anhalten würde.« (*Rolling Stone,* Dezember 1995/Januar 1996)

Sie sollte. Noch vor dem offiziellen Kinostart von *Pulp Fiction* war Travolta für zwei weitere Filme verpflichtet worden, und täglich erhielt er neue Angebote – einmal gleich 17 an einem einzigen Tag. Das waren weit mehr als zu besten *Saturday Night Fever*-Zeiten. »Entweder die Branche hat sich verändert, und es werden heute mehr Filme gemacht, oder mein Wert ist gestiegen«, versuchte Travolta bescheiden die Angebotsflut zu erklären. (*Rolling Stone,* Dezember 1995/Januar 1996)

Verkehrte Welt

Zunächst spielte Travolta in *White Man's Burden (Straße der Rache),* einer Low-budget-Produktion unter der Regie von Desmond Nakano, einem Freund von Tarantino. Travolta gefiel seine Rolle, ebenso wie das Thema des Films. Dennoch war *White Man's Burden* für ihn eine zweischneidige Angelegenheit. Nicht nur, daß er wieder fast nichts an dem Film verdien-

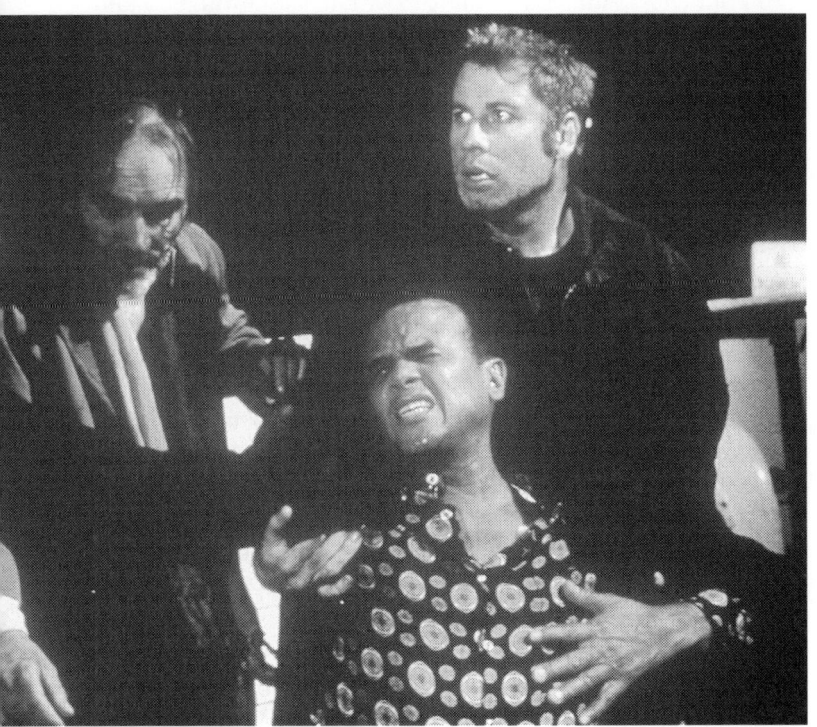

›*White Man's Burden/Straße der Rache*‹

te, das konnte er relativ leicht verschmerzen. Der Film war aber auch Nakanos Regiedebüt – bislang hatte er sich als Drehbuchautor einen Namen gemacht. Und mit den Erstlingswerken von Regisseuren hatte Travolta bisher keine guten Erfahrungen gemacht. Trotzdem war er aus Loyalität gegenüber Tarantino und dem Produzenten Lawrence Bender bereit, *White Man's Burden* zu drehen. »Ich muß den beiden vertrauen, denn ohne sie wäre ich nicht da, wo ich jetzt bin«, sagte er der *L. A. Times* (9.10.1994).

White Man's Burden ist ein Film über Schwarze und Weiße, Oben und Unten, Arm und Reich. Er schildert den täglichen Rassismus, die Vorurteile der Besitzenden und die soziale Ungerechtigkeit, die einen kleinen Arbeiter zum Kriminellen macht. Das ist nun allerdings wirklich nicht neu. Neu ist, daß der Film die Rollenverteilung zwischen Schwarzen und Weißen umdreht. Die Schwarzen sind politisch und wirtschaftlich die Herren, die Weißen dagegen Arbeiter oder Slumbewohner, für deren Kinder die schwarze Oberschicht Benefizveranstaltungen organisiert. Aus dieser ungewohnten Perspektive wirken viele alltägliche Details erheblich krasser, als wir sie gewöhnlich wahrnehmen: die Entgeisterung im Gesicht einer schwarzen Mutter, als ihr Sohn mit einer weißen Freundin ankommt, oder der kleine weiße Junge, der sich zum Geburtstag eine schwarze Puppe wünscht.

Louis Pinnock (John Travolta) arbeitet in einer Süßwarenfabrik, wo übrigens sinnigerweise weiße Riegel mit dunkelbrauner Schokolade überzogen werden, wie im Vorspann gezeigt wird. Eines Tages soll Pinnock dem Fabrikbesitzer Thomas (Harry Belafonte) ein Päckchen nach Hause bringen. Auf der Suche nach dem Hintereingang der Villa sieht er zufällig durchs Fenster Thomas' Frau Megan. Und zu seinem Unglück hat sie nichts an. Thomas kriegt das auch noch mit, ärgert sich und beschwert sich bei Pinnocks Vorgesetztem, der ihn daraufhin entläßt.

Pinnock, der Frau und zwei Kinder hat, ist nun arbeitslos. Er findet auch keinen neuen Job, die Familie kann die Miete nicht mehr zahlen und muß die Wohnung räumen. Vergeblich versucht er, Thomas zu sprechen, um die Geschichte aufzuklären.

Als einfacher Arbeiter in ›Straße der Rache‹

Schließlich paßt er ihn ab, bedroht ihn mit einer Waffe und verlangt exakt die Summe, die ihm seiner Rechnung nach aus Überstunden zustehen würde. Das sind zwar nur ein paar Tausend Dollar, doch hat Thomas so viel Geld nicht bei sich, und der Autoschalter der Bank hat auch schon geschlossen. Der nächste Tag ist ein Samstag, erst zwei Tage später werden die Banken wieder geöffnet haben. Pinnock aber will Thomas ohne das Geld nicht gehen lassen, und so wird aus der Sache unversehens eine Entführung. Notgedrungen verbringen Pinnock und Thomas zwei Tage miteinander. Sie gehen sehr höflich und vorsichtig miteinander um; es wird aber deutlich, daß im Grunde keine Verständigung zwischen ihnen möglich ist.

Am Ende wird der Film dann ziemlich melodramatisch, eigentlich schade. Thomas hat einen Anfall, und Pinnock will ihn ins Krankenhaus fahren. Doch unterwegs streikt sein Auto. Als niemand anhält, um zu helfen, opfert sich Pinnock: Er ballert wild mit der Pistole um sich und wird, als die weißen Polizisten anrücken, erschossen. Bei Thomas rührt sich jetzt wohl doch das soziale Gewissen. Er geht zu Pinnocks Frau und will ihr Geld geben. Doch die lehnt ab.

Travolta spielt den einfachen Arbeiter, der eigentlich ein ehrlicher, geradliniger Typ ist und durch die Macht der Verhältnisse eher zufällig kriminell wird, absolut überzeugend. In kaum einem anderen seiner Filme kommen Travoltas sparsame Mimik und Gestik, die Selbstverständlichkeit seiner Darstellung so positiv zum Tragen. Was Pinnock empfindet, seine Wut und Verzweiflung, aber auch positive Gefühle wie die Liebe zu seiner Frau und seinen Kindern, drückt Travolta überwiegend mit den Augen und mittels Körpersprache aus.

White Man's Burden soll laut *Cinema* (März 1996) in den USA ein Flop gewesen sein. In Deutschland kam er gar nicht in die Kinos, allerdings nicht aus mangelndem Interesse. Das ZDF hatte sich die Rechte gesichert, bevor alle Welt wieder heiß auf Travolta war. Nun wollte man sich die deutsche Erstaufführung auch nicht nehmen lassen und sendete den Film am 17. Juni 1996. Da waren die beiden nächsten Travolta-Filme *Get Shorty* und *Broken Arrow* längst in den deutschen Kinos gelaufen.

Gewinnender Ganove

Ende 1994 befand sich Travolta – wir erinnern uns – emotional auf dem Weg zum Mars. Vielleicht ist ihm ja die dünne Luft da oben nicht gut bekommen, jedenfalls schien er es geradezu darauf anzulegen, so schnell wie möglich wieder abzustürzen. Ihm wurde die Rolle des Chili Palmer in Barry Sonnenfelds Mafia-Komödie *Get Shorty (Schnappt Shorty)* angeboten, und er war wieder einmal drauf und dran abzulehnen. Es bedurfte der vereinten Überzeugungsarbeit von Quentin Tarantino und Danny DeVito – der Sonnenfelds Wunschkandidat für die Rolle war, aus Termingründen aber hatte ablehnen müssen –, um Travolta zu seinem Glück zu zwingen.

»Tarantino rief mich an«, erzählte Travolta, »und sagte: Dies ist keine Rolle, die man ablehnt. Ich werde nicht zulassen, daß du immer wieder den gleichen Fehler machst.« Außerdem riet er ihm, für diese Rolle 15 Pfund abzunehmen (*Die Woche*, 1.3.1996). Als sich Travolta dann schließlich dazu bequemte, den Roman von Elmore Leonard zu lesen, war er von der Story restlos begeistert.

Chili Palmer (John Travolta) ist ein zweitklassiger kleiner Ganove, der sich höchst erfolgreich als Geldeintreiber für einen Kredithai verdingt – cool, gefühllos, aber eigentlich nicht unsympathisch. Selbst wenn er seinem späteren Boß Ray Bones

Mit Rene Russo in ›Get Shorty‹

Barboni (Dennis Farina) brutal die Nase einschlägt, weil selbiger sich unerlaubt seine Lederjacke ausgeborgt hat, sind die Sympathien ganz auf Chilis Seite. Und er ist ein Filmfreak, der im Kino zum kleinen Jungen wird, ganz in den Film eintaucht und gedankenverloren jeden Dialog mitspricht.

Als ihn sein Job über Las Vegas nach Hollywood führt, wo er bei dem abgehalfterten B-Picture-Produzenten Harry Zimm (Gene Hackman) 150.000 Dollar eintreiben soll, verbinden sich die beiden Seelen in seiner Brust. Chili beschließt, das Metier zu wechseln und Filmproduzent zu werden. Die Story hat er schon, nur der Schluß fehlt noch. Denn es ist eine wahre Geschichte, und sie ist noch nicht zu Ende. Eine wichtige Rolle spielt der Waschsalon-Besitzer Leo (David Paymer). Der schuldet der Kredit-Mafia viel Geld und hat einen Flugzeugabsturz genutzt, um sich für tot erklären zu lassen. Mit dem Geld aus einer Lebensversicherung, die seine Frau für ihn kassiert hat, lebt er jetzt in Las Vegas in Saus und Braus. Und er ist einer von Chilis Kunden. Diese Story, meint Chili, sei für einen Film wie gemacht.

Er versucht also, Harry seine Filmidee zu verkaufen, doch der hat seinerseits ein ganz anderes Projekt im Kopf. Geld haben beide nicht, doch das ein- oder aufzutreiben ist schließlich Chilis Hauptberuf; entsprechend souverän kümmert er sich um die Finanzierung. Über Harry lernt Chili auch die wenig erfolgreiche Schauspielerin Karen Flores (Rene Russo) kennen. Sie war früher der Star in Harrys Horror-Schinken und außerdem mit dem bekannten Schauspieler Martin Weir (Danny DeVito) verheiratet. Den will Chili als Hauptdarsteller für seinen Film haben, und Karen macht die beiden miteinander bekannt. Weir ist ziemlich kleingewachsen und hat in Hollywood den Spitznamen Shorty. Diesen Shorty will Chili, wie gesagt, für seinen Film als Darsteller haben, nicht etwa »schnappen«, wie der gedankenlos eingedeutschte Filmtitel behauptet.

Bevor die Dreharbeiten zu Chilis Film beginnen können, hat der allerdings noch einiges zu erledigen. Und das macht er mal mit Gewalt, mal mit Köpfchen. Geschickt manipuliert er den Drogenschieber und Möchtegern-Produzenten Bo Catlett (Delroy Lindo) – und auch Ray Barboni, der aus Miami anreist, um nach seinem Geldeintreiber zu sehen und sich für sein entstelltes Gesicht zu revanchieren, zieht am Ende den kürzeren. Im Prinzip betrügt jeder jeden, nur Chili behält den Überblick und alle Fäden in der Hand. Der Schluß ist freundlich, Chili bekommt seinen Film, und alle anderen bekommen genau das, was sie verdienen.

Clever gemacht oder dreist abgekupfert?

Nach dem sensationellen Comeback mit *Pulp Fiction* war der neue Travolta-Film hierzulande allseits schon mit Spannung erwartet worden – *White Man's Burden* wurde ja erst Monate nach *Get Shorty* gezeigt und kann in diesem Zusammenhang nicht in Betracht gezogen werden. Das Magazin *Rolling Stone* hatte *Get Shorty* soeben zum Film des Jahres 1995 gekürt, das machte neugierig und ließ einiges hoffen. Travolta spiele »den vom Gangster zum Filmemacher avancierten Chili Palmer mit dem kombinierten Charme von Cary Grant und Robert De Niro und war – und das ist ein riskantes Wort, wenn es in diesem Magazin über ihn gesagt wird – perfekt«, witzelte David Wild in *Rolling Stone* (Dezember 1995/Januar 1996) mit einer deutlichen Anspielung auf den Flop von *Perfect,* jenem Film aus dem Jahre 1985, in dem Travolta einen Reporter des *Rolling Stone* gespielt hatte.

Als *Get Shorty* dann Ende Februar 1996 in den deutschen Kinos anlief, war das Echo ganz überwiegend positiv. Nur daß Sonnenfeld ein bißchen zu offensichtlich bei Tarantino abgekuckt habe, wurde der pfiffigen Gangsterkomödie gelegentlich angekreidet. So fragte Volker Bleeck in *TV Spielfilm* (März 1996) unter der Headline »*Pulp Fiction* light«: »Clever oder dreist? Es ist klar, daß ganz Hollywood aufmerksam Travoltas Karriere nach *Pulp Fiction* beobachtet. Immerhin hängt sein Marktwert jetzt davon ab, ob er einen Film als Star tragen kann. *Get Shorty,* so der Originaltitel dieser Ganovenkomödie aus dem Showbiz, ist deswegen so clever oder eben dreist, weil sich die kreativen Köpfe hinter *Get Shorty* den Überraschungshit von Quentin Tarantino sehr genau angesehen haben. Die Atmosphäre des Films, der Einsatz der Musik und

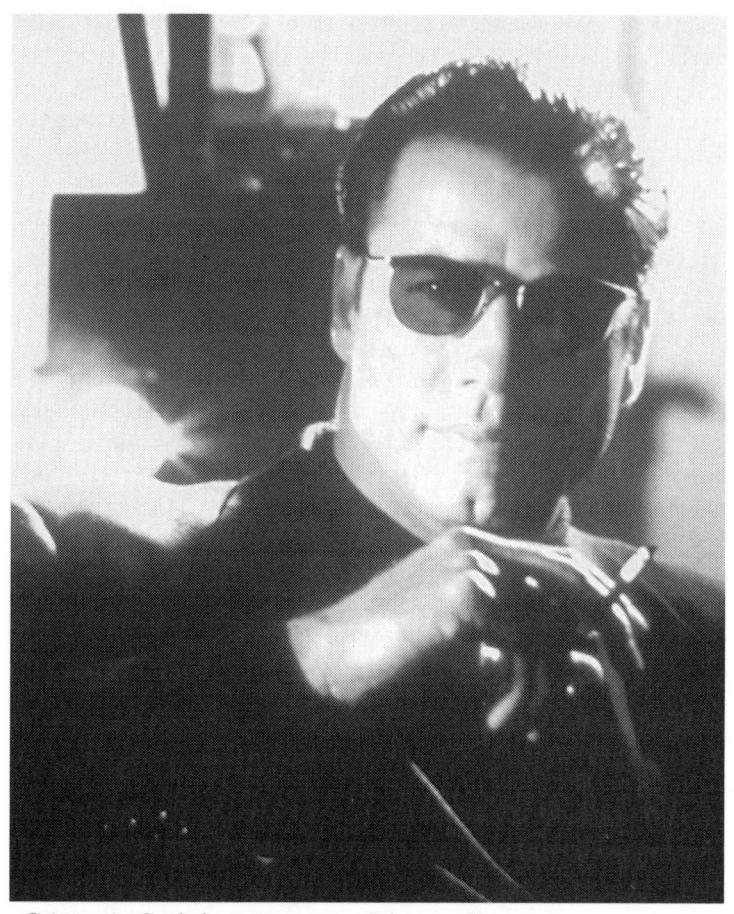

»Grinst sein Grübchengrinsen«: in ›Schnappt Shorty‹

nicht zuletzt Travolta als Gangster mit Sonnenbrille in Hollywood – das riecht schon sehr nach *Pulp Fiction.*«
Jan-Barra Hentschel drückte sich weniger vorsichtig aus. Er
schrieb in der deutschen Ausgabe des *Rolling Stone* (März
1996): »Mit verkrampfter Komik schlachten Regisseur Barry
Sonnenfeld und seine Star-Riege in *Schnappt Shorty* hem-
mungslos Quentin Tarantinos Gangster-Geniestreich aus.«
Wer sich da an wem orientiert hatte, schien aber so eindeutig

nicht. Daniel Kothenschulte, der *Get Shorty* im *Filmdienst* vorstellte, sah das deutlich anders als seine Kollegen: »Tarantino hat nie einen Hehl gemacht aus seiner Bewunderung für den Schriftsteller Elmore Leonard, den Autor der Romanvorlage, der zu den großen Stilisten des Kriminalromans zählt. Seine Ironie und der Blick für die banalen Rückansichten der Hauptschauplätze und die liebenswerten Macken der Protagonisten haben in den Gangsterkomödien des jüngeren Hollywood ihre Spuren hinterlassen. Auch wenn *Schnappt Shorty* in seiner Überraschungsdramaturgie den Filmen der Tarantino-Schule vergleichbar ist, handelt es sich hier nicht um eine weitere Demontage tradierter Erzählmuster. Sondern um eine leichte, liebenswerte Komödie, ungemein kurzweilig und bis in die Nebenrollen durchsetzt mit originellen Typen und Charakteren.«

Allseits großes Lob gab es für Travolta, der für *Get Shorty* auch wieder eine angemessene Gage erhalten haben soll und danach wieder zu den teuersten Schauspielern Hollywoods zählte. »John Travolta hat mit *Schnappt Shorty* bewiesen, daß sein lässiger Auftritt in *Pulp Fiction* kein Zufall war. In der Gangsterkomödie spielt er den kleinen Schurken Chili Palmer, den es unter die Großmäuler von Hollywood verschlägt. Travolta grinst sein Grübchengrinsen, quatscht keinen Unsinn und prügelt sich nur mit Stärkeren.« (Claudius Seidl, *Spiegel extra,* 2/1996)

Nicht reif genug für einen Oscar

Kurz vor dem Kinostart in Deutschland wurde *Get Shorty* in Berlin bei den Festspielen im Wettbewerbsprogramm gezeigt. Travolta unterbrach die Dreharbeiten zu seinem aktuellen Film *Phenomenon* und reiste ebenso wie Danny DeVito an die Spree. Die Journalisten standen für Interviews Schlange und wurden in Gruppen zu je acht Personen abgefertigt. Und wie fast 20 Jahre zuvor kreischten die Kids, wenn Travolta sich in der Öffentlichkeit zeigte – ob es sich nun um die Kinder der Ex-Travolta-Fans handelte oder die der ehemaligen Travolta-Verächter, war nicht auszumachen.

Die Jury befand *Get Shorty* zwar keines Bären würdig, und auch die diversen Sonderpreise der Berlinale gingen an andere Filme. Für den *Spiegel* aber wurde Chili Palmer zum Symbol der Berliner Festspiele:»Chili ist so gut erfunden, daß man ihn – oder jedenfalls ihm verflixt ähnlich sehende Gestalten – unentwegt bei den Galas und Partys der Filmfestspiele begegnete. Herren sah man da mit pomadisiertem Resthaar und in schwarzen Sakkos, die den Bauchansatz vertuschen sollen. Herren die – ›look at me‹ – aussehen wollen wie charismatische amerikanische Gangster, aber im wirklichen Leben nichts Heißeres als die Ware Film unter die Leute bringen – als Produzenten, Verleiher, Fernseheinkäufer, Journalisten. Für die Dauer der Berlinale durften sie alle Chili Palmer sein.« (Susanne Weingarten, *Der Spiegel,* 9/1996)

In den Pressevorführungen war *Get Shorty* begeistert aufgenommen worden, und entsprechend aufgeräumt und gutgelaunt gab sich Travolta auf der offiziellen Pressekonferenz während der Berlinale:»Ich denke, jetzt kann nichts mehr passieren, was mich überrascht oder schockiert, weil mir so oft der Teppich unter den Füßen weggezogen wurde. Ich bin jetzt wie ein Boxer: Immer auf den nächsten Schlag gefaßt. Ich hätte aber nichts dagegen, die nächsten zehn Jahre ein normaler, durchschnittlicher Schauspieler zu sein. Das Auf und Ab ist zwar aufregend, aber nun dürfte es ruhig etwas beständiger zugehen.« (*Süddeutsche Zeitung,* 19.2.1996)

Bereits vor der Berlinale war Travolta für seinen Chili Palmer mit dem Golden Globe als bester Komödiendarsteller ausgezeichnet worden. Wie erwähnt, gilt diese Auszeichnung als eine Art Vorentscheidung für die Oscar-Verleihung Ende März. Prompt wurde Travolta in der Presse als heißester Favorit für das Oscar-Rennen gehandelt. Daß er dann nicht einmal nominiert wurde, war schon höchst verwunderlich.

Doch nicht jeder wunderte sich. Claudius Seidel fand gleich eine ganze Reihe von Gründen, warum Travolta bei der Oscar-Verleihung bisher übergangen worden ist, und das in Zukunft wohl auch so bleiben wird. Die messerscharfe Analyse mit der schönen Headline »Der übliche Verdächtige« stand im Kultur-Magazin *Spiegel extra* (2/1996), und weil sie so schön bissig ist,

Publicity-Foto mit Rene Russo, Gene Hackman und Danny DeVito

hier ein Auszug aus dem Artikel: »1. Travolta ist cool. So hieß
es schon vor fast 20 Jahren über Tony Manero. Coolness war
damals (und ist es bis heute geblieben): das sichere Unter-
scheidungsvermögen in allen Fragen der Ethik und Ästhetik,
das genaue Gespür dafür, was ein Mann tun muß, damit er sich
nicht lächerlich macht in einer lächerlichen Welt. Coolness ist
ein Wort, das die Enkelkinder der Oscar-Juroren für jene Dinge gebrauchen, die ihre Eltern nie verstehen werden. John Travolta versteht sie. Deshalb kann die Oscar-Jury einen wie ihn
nicht verstehen. 2. Er ist Italiener. Spielt in *Pulp Fiction* und
Schnappt Shorty wieder diese kleinen Mobster, die sich Öl in
die Haare schmieren und goldene Kreuze auf der Brust tragen.
Aufrechte Angelsachsen mögen das nicht, finden diese katho-
lischen Manieren igendwie obszön und den grinsenden Sex-
Appeal italienischer Männer entweder beunruhigend oder zu
verschwuchtelt und geben den Oscar (dem, zu ihrem Glück,

das Geschlechtsorgan fehlt) lieber naseweisen Briten. Italiener kriegen erst dann eine Chance, wenn ihre Schläfen ergrauen und man ihnen ihr Italienertum nicht mehr so deutlich ansieht. 3. Er kennt Quentin Tarantino. In Hollywood hat das kein Mensch verstanden, was das sein sollte, damals in *Pulp Fiction,* als Travolta und Samuel L. Jackson sich über Fußmassagen und Hamburger unterhielten. Zu blöd, daß alle Welt das sehen wollte. Zu gemein, daß *Pulp Fiction* noch nicht mal die Hälfte dessen kostete, was Arnold Schwarzenegger normalerweise als Gage verlangt, und dann aber über 100 Millionen einspielte. Das konnte man dem Burschen nur auf eine Weise heimzahlen – indem man bei ihm klaute: *Schnappt Shorty* sieht so aus, wie sich ein großes Studio einen Tarantino-Film vorstellt, inklusive John Travolta. Wenn jetzt Travolta für *Schnappt Shorty* den Oscar bekäme, den sie ihm für *Pulp Fiction* verweigert haben, dann wäre das zu dreist. Das trauen sie sich nicht. 4. Er kann tanzen und singen. Als Tom Hanks noch lustig war, da hätte man ihm schon zugetraut, daß er ein Mikrofon zur Hand nimmt und zu singen und zu tanzen beginnt. Allerdings war das die Zeit, als Tom Hanks noch keine Oscars gewann. Wer da oben stehen will, der sollte vorher dafür gelitten und gearbeitet haben. Und wenn einer, nur so aus Spaß, plötzlich mit dem Tanzen anfinge, würde er bloß beweisen, daß ihm die sittliche Reife für einen Oscar fehlt. 5. Er kann mit Geld umgehen. Wird er womöglich eines Tages ein Studio kaufen? Hat er das Geld schon auf dem Sparbuch? Und wenn er Chef ist, müssen dann alle cool sein oder Italiener oder mit Quentin Tarantino befreundet? Wird dann in Hollywood getanzt und gesungen und auf die Wichtigtuer gespuckt? Das wäre wohl das Ende. Man sollte Travolta rechtzeitig stoppen.«

Durchgeknallter Kampfpilot

Langsam schien Travolta Geschmack daran zu finden, Gangster und andere Ganoven zu spielen. Nach *Get Shorty* »sollte ich den Guten in *Broken Arrow* von John Woo spielen. Das war mir zu fade. Ich haben zu John gesagt: ›Den Guten kann ich im Schlaf. Ich will den Bösewicht spielen.‹ John hat nachgedacht, und ich bekam die Rolle. Ich spiele einen komplett wahnsinnigen Kampfpiloten, einen Psychopathen. So was hat man noch nie gesehen. Ein widerlicher, ekelerregender Bastard. Die Leute werden es lieben, mich zu hassen«, meinte er in *Gala* (14.12.1995).

Nun, im klassischen Sinne sympathisch ist er wirklich nicht, der Air-Force-Pilot Vic Deakins. Aber so wie Travolta ihn verkörpert, bleibt er auch als das personifizierte Böse der eigentliche Star des Films; Christian Slater, der Gute, wirkt vergleichsweise doch etwas bläßlich. Mit dem Haß des Publikums sollte es also wieder nichts werden. Vielleicht liegt das auch daran, daß man dem Film die furchtbare Bedrohung, die zwei Atombomben in den Händen von skrupellosen Erpressern bedeuten, nicht wirklich abnimmt. Außerdem wirkt die Bombengeschichte nur wie die Rahmenhandlung, denn eigentlich geht es um ein fast spielerisches Duell zwischen zwei Männern, um Männerfreundschaft und Verrat.

Broken Arrow ist deshalb auch kein Film, bei dem man als zartbesaiteter Zuschauer dauernd wegsehen muß, trotz der vielen Toten und der vordergründigen Gewalt – obwohl ständig herumgeballert wird (60.000 Schuß Munition sollen bei den Dreharbeiten verpulvert worden sein). Man fühlt nicht, was man sieht, und glaubt es deswegen wohl auch nicht. Selbst als Travolta quasi nebenbei seinen Finanzier erschlägt, weil der ihm mit seinen Bedenken auf die Nerven geht, und jenen dann mit einem flapsigen Spruch aus dem Auto wirft, zuckt man kaum zusammen.

Flammendes Inferno

»Hast du gemerkt, was passiert ist? Du hast die Linke geschmeckt, die Linke. Du denkst, da kommt noch eine Linke hinterher, aber dann kommt die Rechte. Ich will dir nur sagen, worum es beim Boxen geht, okay? Du zeigst deinem Gegner das eine und machst etwas anderes. So hat Ali Foreman den Titel abgenommen.« Während Vic Deakins seinen Freund und Pilotenkollegen Riley Hale (Christian Slater) im Boxring zu Trainingszwecken verprügelt, erteilt er ihm nebenbei eine

Nachhilfestunde in Taktik. Und der wird sich die Lektion merken.

Kurz darauf absolvieren die beiden Piloten mit zwei Atomwaffen an Bord einen Übungsflug. Ihr Auftrag lautet, den *Stealth*-Bomber im Tiefflug über Utah dem Radar der Kontrollstelle zu entziehen. Als ihnen das gelungen ist, setzt Deakins seinen Kopiloten, mit dem er sich eben noch gemeinsam über das gelungene Manöver gefreut hat, ganz unfreundschaftlich via Schleudersitz an die Luft. Er läßt die Bomben an Fallschirmen zu Boden gehen, und verläßt dann selbst das Flugzeug, bevor es am nächsten Berg zerschellt.

Den Diebstahl der Atombomben hat Deakins von langer Hand vorbereitet. Der machtlüsterne Pilot, der wegen seiner unsoldatischen Respektlosigkeit bei Beförderungen stets übergangen worden ist, will damit von der Regierung 250 Millionen Dollar erpressen. Es geht ihm aber nicht nur um Geld, sondern auch und vor allem um die Demonstration von Macht – »Du stehst drauf, die Macht Gottes in Händen zu halten«, hat ihm Hale zu Recht noch kurz vor seinem unfreiwilligen Ausstieg aus dem Flugzeug vorgeworfen.

Hektische Reaktionen im Pentagon – die *Operation Broken Arrow* läuft an. Das ist das Codewort für eine Situation wie diese, wenn Atomwaffen verlorengehen oder in die falschen Hände fallen. Rein theoretisch haben Deakins und seine Komplizen jetzt die ganze Armee der Vereinigten Staaten zum Gegner. In der Praxis jedoch wird das Tauziehen um die Waffen zum Kampf zwischen Deakins und Hale. Der wird von der hübschen jungen Nationalpark-Rangerin Terry Carmichael (Samantha Mathis) tatkräftig unterstützt, die ihn nach seiner unfreiwilligen Landung aufgesammelt hat. Warum Terry sich nicht bei nächstbester Gelegenheit absetzt, sondern mutig alle Gefahren auf sich nimmt, bleibt trotz Hales unbestreitbarem Charme äußerst schwer nachvollziehbar.

Zunächst hat Deakins die Bomben, dann Hale, dann wieder Deakins, das geht munter hin und her. Und was Deakins seinerzeit dem Noch-Freund beim Boxen großspurig mitgeteilt hatte, kommt diesem jetzt zugute. Hale durchschaut die cleveren Schachzüge und Verwirrspiele seines Kontrahenten gut genug, um ihm immer dicht auf den Fersen zu bleiben. Die Verfolgungsjagd endet in einem brennenden Zug, der mit einer scharfen Atombombe an Bord auf Denver zurast. Im Inferno des Finales liefern sich Hale und Deakins noch einmal einen Boxkampf. Hale gewinnt und kann in letzter Sekunde die Bombe entschärfen. Zum glücklichen Schluß liegen sich Hale und Terry in den Armen – wahrscheinlich mußte sie nur wegen dieser Szene die ganze Verbrecherjagd mitmachen.

Im Streit beider Parteien um die Bomben gibt's jede Menge Tote auf allen Seiten – Soldaten, Gangster und ein paar harmlose Camping-Touristen. Ständig wird geballert, Autos, Hubschrauber und Züge fliegen durch die Luft, brennende Waggons rasen ineinander, eine ausgediente Kupfermine stürzt in sich zusammen – rasantes Actionkino für alle heimlichen Pyromanen. Regisseur John Woo, der in Hongkong sein Handwerk lernte und erst 1993 nach Hollywood übersiedelte, weiß

Im Ring mit Christian Slater: ›Broken Arrow‹

177

Actionkino für Pyromanen: ›Operation: Broken Arrow‹

genau, was er den Fans dieses Genres schuldig ist. Wer sich nicht dazuzählt, kann sich über witzige Anspielungen und überraschende Gags freuen. Zum Beispiel die Leitlinien für Öffentlichkeitsarbeit beim Militär: »Wir sollten es mit der Wahrheit versuchen«, schlägt der Presseverantwortliche des Pentagon vor. »Mit der Wahrheit? Wie sind Sie bloß an diesen Job gekommen?« lautet die erstaunte Reaktion.

Travolta hat seine neue Rolle sichtlich Spaß gemacht. Lässig, distanziert und emotionslos gibt er den Psychopathen – eben einfach cool. Schließlich mußte er in *Broken Arrow* nicht nur nicht tanzen, auch die Beziehungen zum anderen Geschlecht spielen nahezu keine Rolle: Keine Affäre, nicht mal einen Flirt hatte das Drehbuch für den routinierten Herzensbrecher vorgesehen. Nur als er Terry mit der Waffe bedroht, ihr mit dem Lauf über Arm und Nacken streicht, blitzt so etwas wie Erotik auf.

Schutzengel gegen Schubladen

Broken Arrow war nicht unbedingt ein Kassenknüller, aber auch alles andere als ein Flop. Und daß die Kritik den Film weniger liebte als *Pulp Fiction* oder *Get Shorty,* bedarf wohl keiner weiteren Erklärung.

Doch schon begannen sich die Medien wieder Sorgen um Travolta zu machen: Man befürchtete, nun habe er sich auf die Rolle des Gangsters festlegen lassen. »Warum muß er sein *Pulp Fiction*-Image unbedingt in fast jedem neuen Film pflegen?« jammerte beispielsweise Jan-Barra Hentschel im *Rolling Stone* (März 1996). Und S. Orlin von *TV Spielfilm* (März 1996) sah Travolta bereits »in der Welt des Mobs gefangen«. John Travolta aber wird sich vermutlich nicht wieder in eine Rollen-Schublade stecken lassen, wie ein Blick auf seine nächsten Projekte zeigt: In *Phenomenon* (Regie John Turteltaub),

Für die Zukunft baut er auf seine Schutzengel ...

so war im Vorfeld zu erfahren, mimt Travolta einen einfachen Menschen mit schlichtem Gemüt, der durch einen Blitzschlag zum Genie wird, in Nora Aphrons Komödie *Michael* spielt er einen gefallenen Engel. Dann steht *The Lady Takes an Ace* mit Sharon Stone als Filmpartnerin auf dem Programm. In absehbarer Zeit sollte Travolta sich nicht über Unterbeschäftigung beklagen dürfen. Über die bereits genannten Filme hinaus waren Mitte 1996 folgende Projekte geplant: *The Double* von Roman Polanski (aus dem Travolta aber wegen Meinungsverschiedenheiten mit dem Regisseur bald ausstieg), die Verfilmung von zwei Romanen des Scientology-Gründers L. Ron Hubbard – was Travolta möglicherweise zumindest in Europa einige Sympathien kosten könnte – und *Look At Me!,* die Fortsetzung von *Get Shorty,* die Elmore Leonard allerdings erst einmal schreiben muß.

Doch was auch immer aus diesen Filmen werden wird, ob ein zweiter Geniestreich à la *Pulp Fiction* darunter ist oder Travolta durch einen totalen Flop noch einmal im Abseits landet – Travolta wird damit leben können. Denn »Erdbeben, Flugzeugabstürze oder der Untergang der *Titanic,* das sind Katastrophen. Filme nicht. Tut mir leid, aber ein schlechter Film ist keine Katastrophe, das haben mich die Tiefpunkte der eigenen Karriere gelehrt.« (*Entertainment Weekly,* 21.10.1994)

Aber vielleicht braucht sich Travolta ja diesbezüglich auch keine Sorgen mehr zu machen. Denn nachdem er fast ein halbes Leben lang auf die falschen Berater gehört und mit traumwandlerischer Sicherheit die falschen Rollen ausgewählt hat, läßt er sich jetzt von den richtigen Leuten leiten: »Tatsächlich sind er (Quentin Tarantino), Danny DeVito und Steven Spielberg meine Schutzengel. Die sagen mir, was ich zu tun habe. Mich kann man für mein Comeback nicht verantwortlich machen.« (*RTV,* 11/1996). Na, dann kann ja künftig nichts mehr schiefgehen!

Filmographie

THE DEVIL'S RAIN *(Nachts, wenn die Leichen schreien)*
USA 1975
Regie: Robert Fuest. *Buch:* Gabe Essoe, J. Ashton. *Kamera:* Alex
Phillips jr. *Musik:* Al de Lory. *Produktion:* Bryanston Distributers.
Darsteller: Ernest Borgnine, Eddie Albert, Ida Lupino, JOHN TRA-
VOLTA, William Shatner.
79 Minuten. *Deutsche Erstaufführung:* 27.4.1979.

»Läppisch geschriebene und inszenierte Horrorstory ohne Gespür
für das Genre. Kaum Mittelmaß.«

(Lexikon des internationalen Films)

WELCOME BACK, KOTTER
(TV-Serie) USA 1975 bis 1979
Produzent: James Komack
Darsteller: Gabriel Kaplan (Gabe Kotter), Marcia Strassman (Julie
Kotter), JOHN TRAVOLTA (Vinnie Barbarino), Robert Hegyes (Juan
Luis Pedro Phillipo de Huevos Epstein), Lawrence-Hilton Jacobs
(Freddie Washington), Ron Palillo (Arnold Horshack), John Sylve-
ster White (Michael Woodmann).

»Die Serie wurde ein großer Erfolg – vermutlich weil sie die Verhältnisse an der Schule in einem der schlimmsten Viertel New
Yorks bewußt verkitschte und verharmloste. Travolta hatte zwar
nur eine Nebenrolle, aber er fiel auf.«

(Sven Hansen, *Die Welt*, 14.2.1979)

THE BOY IN THE PLASTIC BUBBLE
(TV-Film) USA 1976
Regie: Randal Kleiser. *Buch:* Douglas Day Stewart. *Kamera:* Arch
R. Dalzell. *Musik:* Mark Snow. *Produktion:* Spelling-Goldberg Pro-
ductions. *Produzenten:* Joel Thurm, Cindy Dunne.
Darsteller: JOHN TRAVOLTA (Tod Lubitch), Glynnis O'Connor (Gi-
na Biggs), Robert Reed (Johnny Lubitch), Diana Hyland (Mickey
Lubitch).
120 Minuten. *Erstaufführung:* ABC 12.11.1976.

»Kranker Teenager, der in einem Polyurethan-Zelt gefangen ist.
Das ist eine überzeugende Metapher für das Heranwachsen. Viel-
leicht gehörte dieser Fernsehfilm deshalb für viele von uns zum
Erwachsenwerden.« *(Entertainment Weekly,* 21.10.1994)

CARRIE *(Carrie – Des Satans jüngste Tochter)*
USA 1976
Regie: Brian De Palma. *Buch:* Lawrence D. Cohen (nach einem Roman von Stephen King). *Kamera:* Mario Tosi. *Musik:* Pino Donaggio. *Schnitt:* Paul Hirsch. *Produktion/Produzent:* Paul Monash.
Darsteller: Sissy Spacek (Carrie White), JOHN TRAVOLTA (Billy Nolan), Piper Laurie (Margaret White), Amy Irving (Sue Snell), William Katt (Tommy Ross), Nancy Allen (Chris Hargenson).
98 Minuten, gekürzte Fassung 94 Minuten. *Deutsche Erstaufführung:* 22.4.1977.

»Brian De Palma hat eine Menge Vorbilder (darunter gewiß Buñuel, Welles, Hitchcock und Polanski) in einer Szene, nämlich im frappierenden Schlußeffekt, noch übertroffen. Auch sonst kann man dem treffsicheren Arrangeur von Publikumsgunst und Sensationsgier eine handwerklich gekonnte und technisch raffinierte Dramaturgie bestätigen, die ohne viel Skrupel ernstzunehmende Wirklichkeitsbeschreibung mit Horrormythen und Alptraummärchen vermischt …« *(Filmdienst* 20286)

»Wenn der Film irgendeinen Inhalt hat, dann die Probleme heranwachsender Mädchen, aber im großen und ganzen ist *Carrie* entschieden frauenfeindlich.« (James Monaco, *American Film Now*)

SATURDAY NIGHT FEVER *(Nur Samstag nacht)*
USA 1977
Regie: John Badham. *Buch:* Norman Wexler (nach einer Reportage von Nick Cohn). *Kamera:* Ralf D. Bode. *Musik:* Barry Gibb, Robyn Gibb, Maurice Gibb (The Bee Gees), David Shire. *Schnitt:* David Rawlings. *Produktion:* Paramount Pictures. *Produzent:* Robert Stigwood.
Darsteller: JOHN TRAVOLTA (Tony Manero), Karen Lynn Gorney (Stephanie), Barry Miller (Bobby), Donna Prescow (Annette), Joseph Cali (Joey).
119 Minuten. *Deutsche Erstaufführung:* 13.4.1978.

»Travolta *ist* Tony Manero, doch der ist nun mal kein Rebell wie Presley, Brando, Dean. Kein Außenseiter, den die Tochter in ihrem Bett vor den Eltern versteckt. Nirgendwo ein Fünkchen Anarchie in seinem Charakter. Statt Umsturz allenfalls Kassensturz, statt Vandalismus Valium und an Stelle von Brillanz Brillantine. Als Musterschüler im Fach Anpassung verkörpert Travolta jede Regel ohne Ausnahme und den Grundsatz ›Erst die Arbeit – dann das Vergnügen‹ als der Weisheit letzten Schluß. Eine Spielwiese verwechselt er prompt mit dem Garten Eden.« *(Stern,* 21.9.1978)

»In der Figur des Tony hat Hollywood einen neuen, zeitgemäßen Helden gefunden: den soften proletigen Kerl und eine Art James Dean im Friseurlehrlings-Look. Nach dem Rebellen der fünfziger Jahre und den langhaarigen Außenseitern der sechziger Jahre personifizierte Tony den jungen Arbeitnehmer, der von der Welt nicht mehr fordert, als Samstag abends seinen Spaß zu haben.«

(Der Spiegel, 15/1978)

»Es ist kein Widerspruch, sondern die besondere Qualität solcher gut kalkulierten amerikanischen Unterhaltungsfilme und zudem das Verdienst des vom Fernsehen geschulten Regisseurs, daß *Saturday Night Fever* trotz aller Einwände überzeugend ein Stück authentischer Realität vermittelt: den Tanz und die Musik als Selbstverwirklichung, das Disco-Delirium als Lebensform. ... Laut und draufzu und nicht gerade feinsinnig ist der Film und ist sein Hauptdarsteller. Travolta hat ein eher grobes Gesicht, das aber unvermutet weich und sensitiv werden kann. Er bringt in heiklen Augenblicken eine sehr professionelle Distanz zu seinem Part ins Spiel. Und er tanzt ›intelligent‹: Voll ansteckender Lust an Rhythmus und Bewegung spielt er raffiniert mit jeder Geste, ist ganz diszipliniert und kokett, von geschliffener Perfektion und sexy.«

(Wolf Donner, *Die Zeit,* 14.4.1978)

»*Saturday Night Fever* war mehr als nur ein Kassenknüller, es war ein Film, der die 70er Jahre genauso auf den Punkt brachte wie *Denn sie wissen nicht, was sie tun* die 50er. Mit dem Unterschied, daß die Rebellion gegen die Eltern und gegen die Langeweile diesmal auf der Tanzfläche stattfand: Tony Manero, ein Junge aus der Vorstadt, wollte nicht die Welt verändern, er wollte, daß sie ihm gehört.« *(Die Woche,* 1.3.1996)

GREASE *(Schmiere)*
USA 1978
Regie: Randal Kleiser. *Buch:* Bronte Woodard, Allan Carr (nach dem gleichnamigen Musical von Jim Jacobs und Warren Casey). *Kamera:* Bill Butler. *Musik:* Jim Jacobs, Warren Casey, Barry Gibb, John Farrar, Scott J. Simon, Louis St. Louis. *Schnitt:* John F. Burnett. *Produktion:* Paramount. *Produzenten:* Robert Stigwood und Allan Carr.
Darsteller: JOHN TRAVOLTA (Danny), Olivia Newton-John (Sandy), Stockard Channing (Rizzo), Jeff Conaway (Kenickie), Edward Byrnes (Vince Fontaine).
111 Minuten. *Deutsche Erstaufführung:* 28.9.1978.

»*Grease* ist Vergnügen pur, ist Pop-Unterhaltung der extrem cleveren, wirkungsvollen Art, von seinen beiden Stars Travolta und Miß Newton-John mit Stil gesungen und getanzt.«

(*New York Times,* 25.6.1978)

»Travolta, das ist fleischgewordene Spray-Ästhetik, parfümierter Proletkult. Selbst wenn er, wie in *Schmiere,* Brandos Lederjacke und Elvis' Schmalzlocke trägt, haben diese einstigen Insignien des Protestes an ihm nur den Accessoire-Charakter gängiger Boutiquen-Mode. Der ganze Kerl ist bügelfrei und hautsympathisch.«

(*Der Spiegel,* 42/1978)

John Travolta … ist besser als in *Saturday Night Fever.* Ich bin mir noch nicht sicher, ob er ein großer Schauspieler ist, aber er ist ein guter Darsteller und hat die Art Energie und Humor, die von den Musical-Nummern zum Leben erweckt wird.«

(Vincent Canby, *New York Times,* 14.6.1978)

»*Grease* – ein mittelmäßiger Aufguß des Broadway-Musicals. Während *Fever* wenigstens den Anschein von Realismus wahrte, war *Grease* leichtverdaulicher Schmierstoff aller Travolta-Fans im Teenageralter und darunter.« (*Playboy,* Dezember 1978)

»Im Musical *Schmiere,* das in den fünfziger Jahren spielt, ist die Schule der Freiraum, den man vor dem Ernst des Lebens ausschöpft. Und wenn man danach mit abgestoßenen Hörnern recht brav und tüchtig ist, winkt einem, wer weiß, eine Karriere à la John Travolta, dem Vortänzer der realistischen, illusionslos-wunschlosen jungen Generation.« (*Stern,* 21.9.1978)

MOMENT BY MOMENT *(Von Augenblick zu Augenblick)*
USA 1978
Regie und Buch: Jane Wagner. *Kamera:* Phillip Lathrop. *Musik:* Lee Holdrigde. *Schnitt:* John F. Burnett. *Produktion:* Universal. *Produzent:* Robert Stigwood.
Darsteller: Lily Tomlin (Trisha), JOHN TRAVOLTA (Strip), Andra Akers (Naomi), Bert Kramer (Stu), Shelley R. Bonus (Peg), Debra Feuer (Stacie), James Luisi (Dan Santini).
105 Minuten. *Deutsche Erstaufführung:* 6.11.1994 in RTL 2.

»*Moment By Moment* ist der kalifornische ›Problemfilm‹ des Jahres, das heißt ein Film, in dem Leute aus Gründen leiden, die nie besonders dringlich scheinen, und das an Schauplätzen, die das symbolisieren, was man gemeinhin unter kalifornischer Lebensweise versteht – großzügige (elaborate) Strandhäuser und ausländische Autos (öffentliche Verkehrsmittel sind nirgends zu sehen) auf Schnellstraßen, den Hauptschlagadern des entwurzelten späten 20. Jahrhunderts.« *(New York Times, 22.12.1978)*

»John Travolta zeigt in der Rolle des jungen Liebhabers beachtliche schauspielerische Qualitäten, so daß er durchaus neben der bekannten Charakterdarstellerin und Komikerin Lily Tomlin bestehen kann.« *(ARD Presse-Info Nr. 49/1985)*

»Gutgemeinte, aber armselig gemachte Liebesgeschichte über die Attraktivität einer älteren Frau (Tomlin) für einen jüngeren Mann (Travolta). ... Angesichts des abgedroschenen Drehbuchs sind Travoltas ernsthafte und sympathische Bemühungen um seine Rolle reine Talentverschwendung. Schade.« *(The Motion Picture Guide)*

URBAN COWBOY *(Urban Cowboy)*
USA 1980
Regie: James Bridges. *Buch:* James Bridges, Aaron Latham. *Kamera:* Reynaldo Villalobos. *Musik:* Ralph Burns. *Schnitt:* Dave Rawlins. *Produktion:* Paramount. *Produzent:* Robert Evans.

Mit Madolyn Smith und Debra Winger nach den Dreharbeiten zu ›Urban Cowboy‹

Darsteller: JOHN TRAVOLTA (Bud), Debra Winger (Sissy), Scott Glenn (Wes), Madolyn Smith (Pam), Barry Corbin (Onkel Bob), Broke Alderson (Tante Corinne), Cooper Huckabee (Marshall), James Gammon (Steve Strange), Betty Murphy (Buds Mutter), Ed Geldart (Buds Vater).
135 Minuten. *Deutsche Erstaufführung:* 11.9.1980.

»Außer Wingers mit Beifall bedachtem Ritt auf dem mechanischen Bullen hat der Film nicht viel Interessantes zu bieten. Regisseur Bridges' fataler Fehler, das langweilige, seichte Leben dieser Singles aus dem Süden zu verfilmen, führte dazu, daß auch der Film langweilig, seicht und lang ist, abgesehen von den interessanten Darbietungen von Winger und Glenn.«

(The Motion Picture Guide)

»So funktioniert der Film weder als Reflexion über den Cowboy in der Großstadt von heute noch als Heroisierung desselben. Für letztere Möglichkeit ist auch die schauspielerische Leistung Travoltas nicht überzeugend genug. Seine penetrant frauenfeindlichen Sprüche ... sind ebenso ärgerlich wie das Klischee vom ehemaligen Sträfling Wes, der am Schluß wieder kriminell wird.«

(Frank Arnold, *Filmdienst* 22617)

BLOW OUT *(Blow Out – Der Tod löscht alle Spuren)*
USA 1981
Regie: Brian De Palma. *Buch:* Brian De Palma. *Kamera:* Vilmos Zsigmond. *Musik:* Pino Donaggio. *Schnitt:* Paul Hirsch. *Produktion:* Brighton/Filmways, Pictures/Cinema 77/Geria. *Produzent:* George Litto.
Darsteller: JOHN TRAVOLTA (Jack Terri), Nancy Allen (Sally Bedina), John Lithgow (Burke), Dennis Franz (Karp), Peter Boyden (Sam).
108 Minuten. *Deutsche Erstaufführung:* 7.5.1982.

»Wieder eifert Brian De Palma ... seinem großen Vorbild Hitchcock nach und präsentiert einen Thriller von beträchtlicher Spannung, die nur durch vereinzelte Längen und das etwas zu sentimentale Ende einigen Abbruch erfährt.«   (R. E., *Filmdienst* 23467)

STAYING ALIVE *(Staying Alive)*
USA 1982
Regie: Sylvester Stallone. *Buch:* Norman Wexler, Sylvester Stallone (nach Charakteren von Nick Cohn). *Kamera:* Nick McLean. *Musik:* The Bee Gees, Frank Stallone, Johnny Mandel. *Schnitt:* Don Zim-

mermann, Mark Warner. *Produkion:* Paramount Pictures. *Produzenten:* Robert Stigwood, Sylvester Stallone.
Darsteller: JOHN TRAVOLTA (Tony Manero), Cynthia Rhodes (Jackie), Finola Hughes (Laura), Steve Inwood (Jesse), Julie Bovasso (Tonys Mutter).
96 Minuten. *Deutsche Erstaufführung:* 14.10.1983.

»Es wäre falsch, den Plot von *Staying Alive* als bloßen Lückenfüller zwischen den Tanzszenen beiseite zu schieben. Die Geschichte vom sozialen Aufstieg aus eigener Kraft – schon immer eines der Lieblingsthemen des amerikanischen Kinos – wird in einer neuen Spielart erzählt. Nicht das herkömmliche Motto ›Sei hart, aber gerecht‹ führt zum Erfolg; Tony Manero läßt sich – rücksichtslos und kaltschnäuzig – nur von seinen egoistischen Interessen leiten. So ärgerlich der von Stallone gefeierte plumpe Machismo auch sein mag, so muß man dem Film doch zugute halten, daß der alltägliche Konkurrenzkampf nicht beschönigt wird.«

(Claudius Seidl, *Süddeutsche Zeitung*, 19.10.1983)

»Tony entfaltet lediglich die Eleganz eines gelehrigen Tanzbärs, und was den stets glänzenden Bizeps angeht, so kann Arnold Schwarzenegger mehr präsentieren. Mit bravourösem Tanz und dem Zauber der leichten Bewegung hat dieser Film wirklich nicht das mindeste zu tun.« (J. Schnelle, *Filmdienst* 24243)

TWO OF A KIND *(Zwei vom gleichen Schlag)*
USA 1983
Regie und Buch: John Herzfeld. *Kamera:* Fred J. Koenekamp. *Musik:* Patrick Williams. *Schnitt:* Jack Hofstra. *Produktion:* 20th Century Fox. *Produzent:* Roger M. Rothstein.
Darsteller: JOHN TRAVOLTA (Zack), Olivia Newton-John (Debbie), Charles Durning (Charlie), Beatrice Straight (Ruth), Scatman Crothers (Earl).
87 Minuten. *Deutsche Erstaufführung:* 26.10.1984.

»Diese Komödie mit sentimentalen Untertönen leidet merklich unter der schon etwas abgegriffenen Grundidee und der allzu absehbaren Handlungsentwicklung. Das Happy-End ist sicher vorprogrammiert, die Schauspielleistungen sind locker-routiniert, aber unverbindlich, und das Ganze ist mit Slapstickgags, rührseligen Momenten und leichtgewichtigen Disco-Klängen nach dem altbewährten Motto ›Viel Zucker und noch mehr Luft‹ zu einer flockigsüßen Nichtigkeit verarbeitet.« (Hubert Haslberger, *Filmdienst* 24823)

»Gott ist ziemlich sauer auf die menschliche Rasse, aber vier Engel überzeugen ihn, den Menschen noch eine Chance zu geben. Hoffentlich blieb der Herrgott nicht da, um sich den Rest der Geschichte anzusehen: Es ist die Hölle.« *(The Motion Picture Guide)*

»Sechs Jahre nach ihrem *Grease*-Duett versuchten Travolta/Newton-John mit dieser religiös unterfütterten Romanze ihren verblaßten Ruhm aufzupolieren. Ein für alle Beteiligten trauriges Unterfangen.« *(Cinema,* März 1996)

PERFECT *(Perfect)*
USA 1985
Regie: James Bridges. *Buch:* Aaron Latham, James Bridges (nach Artikeln von Latham für das Magazin Rolling Stone). *Kamera:* Gordon Willis. *Musik:* Ralph Burns. *Schnitt:* Jeff Gourson. *Produktion:* Columbia Delphi III. *Produzent:* James Bridges.
Darsteller: JOHN TRAVOLTA (Adam), Jamie Lee Curtis (Jessie), Anne DeSalvo (Frankie), Marilu Henner (Sally), Laraine Newman (Linda), Matthew Reed (Roger), John Napierala (Herausgeber der *City News*), Murphy Dunne (Peckerman).
115 Minuten, Videofassung 125 Minuten. *Deutsche Erstaufführung:* 12.12.1985.

»Das Erfolgsrezept von *Perfect* sollte vor allem sämtliche Ingredienzen zum Gelingen des kommerziellen Einheitsbreis aufweisen. Man nahm also ein Klischee (Journalismus) und eine aktuelle Mode (Bodybuilding-Boom), außerdem ein dramaturgisches Alibi für erotischen Kitzel (Gymnastik im knappen Turndreß), baute möglichst viele Musiksequenzen mit auf gesondertem Soundtrack vermarkteten Pop-Hits ein (Aerobic-Szenen), engagierte einen werbewirksamen Star (John Travolta), stellte ihm einen ästhetisch idealisierten Frauentyp zur Seite (die maskuline Schönheit Jamie Lee Curtis), integrierte en passant noch etwas Werbung (den Chefredakteur des Magazins *Rolling Stone* spielte der Herausgeber Jann Wenner gleich selbst) und garnierte das Ganze mit einer herzergreifenden Liebesgeschichte.« (M. O. C. Döpfner, *FAZ,* 14.12.1985)

»*Perfect* ist nicht perfekt. Der Film ist vor allem zu: zu lang, zu konstruiert, zu sehr achtziger Jahre, zu gewollt hip. Der Handlungsablauf ist allzu absehbar, es gibt zu wenige gute Szenen, und man versucht zu krampfhaft, aus dem aktuellen Körperkult Kapital zu schlagen/zu profitieren. … Dieser Film ist selbstgefällig und oberflächlich, ähnlich wie die Menschen, die er porträtiert.«
(The Motion Picture Guide)

BASEMENTS – *The Dumb Waiter, The Room (Der stumme Diener/ Das Zimmer)*
USA 1987
Regie: Robert Altman. *Buch:* Harold Pinter (nach eigenen Theaterstücken). *Kamera:* Pierre Mignot. *Musik:* Judith Gruber-Stitzer. *Schnitt:* Helene Girard, Jennifer Augé. *Produktion:* Sandcastle für ABC. *Produzent:* Robert Altman.
Darsteller: JOHN TRAVOLTA (Ben in *Der stumme Diener*), Tom Conti (Gus in *Das Zimmer*), Linda Hunt (Rose), Donald Pleasence (Mr. Kidd), Julian Sands (Mr. Sands), Annie Lennox (Mrs. Sands).
104 Minuten. *Deutsche Erstaufführung:* 8.1.1989 im ZDF.

»Robert Altmans Verfilmung zweier Einakter von Harold Pinter, wobei der latente Wahnsinn hinter dem Normalen und Banalen des Alltags besonders akzentuiert wird. … Trotz brillanter Schauspielerführung wirken die beiden Stücke eher wie Fingerübungen für einen makabren Gag.«   *(Lexikon des internationalen Films)*

»Netter Cockney-Akzent, aber er (John Travolta) ist in dieser Verfilmung des Stücks von Harold Pinter unter der Regie von Robert Altman nicht in seinem Element. Co-Star Tom Conti stiehlt ihm die Show.«   *(Entertainment Weekly, 21.10.1994)*

THE EXPERTS *(Die Experten)*
USA 1987
Regie: Dave Thomas. *Buch:* Steven Green, Eric Alter. *Kamera:* Ronnie Taylor. *Musik:* Marvin Hammlisch. *Schnitt:* Bud Molin. *Produktion:* Paramount Pictures. *Produzent:* James Keach.
Darsteller: JOHN TRAVOLTA (Travis), Arye Gross (Wendell), Kelly Preston (Bonnie), Deborah Foreman (Jill), James Keach (Yuri), Charles Martin Smith (Cameron Smith).
89 Minuten. *Deutsche Erstaufführung:* Oktober 1989 (Video).

»*The Experts* ist eine langweilige, schlichte Komödie, ein Vehikel für John Travolta. … Travolta blödelt bis an die Grenze der Selbstparodie und läßt seine ruhmreiche Vergangenheit wieder aufleben, wenn er der sexy Agentin Kelly Preston und den anderen Leuten des Ortes neue Tanzschritte beibringt. … Das Dumme ist, alles ist zu vorhersebar, es fehlt an echter Satire, und der Film wird endgültig zum Slapstick, wenn Produzent James Keach in der Rolle des guten Sowjet-Piloten auftaucht und allen zur Flucht verhilft.«
                                                   (Variety, 3.5.1989)

THE TENDER / EYES OF AN ANGEL
(Gefährliche Freundschaft / Ein Deal auf Leben und Tod)
USA 1988
Regie: Robert Harmon. *Buch:* Robert Stitzel. *Kamera:* Theo van de Sande. *Musik:* Randy Edelman. *Schnitt:* Don Cambern. *Produktion:* Mercury-Douglas Prod./Trans World Entertainment. *Produzenten:* Michael Phillips, Chris Chesser.
Darsteller: JOHN TRAVOLTA (Bobby Allen), Ellie Raab (Mädchen), Tito Larriva (Cissy), Jeffrey DeMunn (Georgie).
Deutsche Erstaufführung: 31.7.1991 (Video).

»Gangsterfilm voller stereotyper Situationen und Personen, der vergeblich auf die Zugkraft der Freundschaft zwischen dem Kind und einem Dobermann baut.«   *(Lexikon des internationalen Films)*

LOOK WHO'S TALKING *(Kuck mal, wer da spricht)*
USA 1989
Regie: Amy Heckerling. *Buch:* Amy Heckerling. *Kamera:* Thomas Del Ruth. *Musik:* David Kitay. *Schnitt:* Debra Chiate. *Produktion:* TriStar Pictures/M. C. E. G. *Produzent:* Jonathan D. Krane.
Darsteller: Kirstie Alley (Mollie), JOHN TRAVOLTA (Jimmy), George Segal (Albert), Olympia Dukakis (Rosie, Mollys Mutter), Abe Vigoda (Großvater Winnie).
96 Minuten. *Deutsche Erstaufführung:* 3.5.1990.

»John Travolta verströmt noch immer den lässigen Charme, der ihn einst zum Kassenknüller machte. Aber er verschwendet ihn an ein Objekt, das seiner nicht würdig ist.«   *(Variety, 12.5.1990)*

»John Travolta, der die Rolle des Disco-Königs längst an Patrick Swayze abgegeben hat und nun Baby Mikey das Tanzen beibringt, mimt den netten Jungen von nebenan, was keine besonderen schauspielerischen Leistungen abverlangt.«   *(Filmdienst 28281)*

»In jenem liebenswerten bis kitschigen Pamphlet für die Kleinfamilie mimt er (Travolta) kinderfreundliche Milchgesichtigkeit und drollige Durchschnittlichkeit.«   *(Basta, 4/1990)*

LOOK WHO'S TALKING TOO *(Kuck mal, wer da spricht 2)*
USA 1990
Regie: Amy Heckerling. *Buch:* Amy Heckerling, Neal Israel. *Kamera:* Thomas Del Ruth. *Musik:* David Kitay. *Schnitt:* Debra Chiate. *Produktion:* Big Mouth Prod. *Produzent:* Jonathan D. Krane.
Darsteller: JOHN TRAVOLTA (James), Kirstie Alley (Mollie), Elias Koteas (Stuart), Louis Heckerling (Lou), Lorne Sussman (Mikey).
80 Minuten. *Deutsche Erstaufführung:* 28.3.1991.

Mit Filmfamilie in ›Look Who's Talking‹

Mit Ersatzkind 1990 in München auf Promotiontour für ›Kuck mal, wer da spricht‹

»Zweiter Aufguß der gleichnamigen Komödie von 1989, bei dem die Gedanken der Kinder erneut in schnoddrigen Kommentaren hörbar gemacht werden; eine infantile ›Zeitgeist‹-Geschichte, deren Grundmuster sich längst erschöpft hat.«

(Lexikon des internationalen Films)

»Alley und Travolta sind ein sympathisches Team und harmonieren gut miteinander. Zu schade, daß Hollywood sich nicht endlich von seinem goldenen Zeitalter verabschiedet und für solche romantischen Paare neue Stoffe findet, statt die alten in albernen Folgen zu recyceln.« *(Variety, 12.10.1990)*

CHAINS OF GOLD *(Ketten aus Gold)*
USA 1990
Regie: Rod Holcomb. *Buch:* John Petz, Linda Favila, Anson Downes, JOHN TRAVOLTA. *Kamera:* Bruce Surtees, Dariusz Wolski. *Schnitt:* Chris Nelson. *Produktion:* M. C. E. G. *Produzent:* Jonathan D. Krane.
Darsteller: JOHN TRAVOLTA (Scott Barnes), Joey Lawrence (Tommy), Benjamin Bratt (Carlos), Marilu Henner (Jackie), Hector Elizondo (Leutnant Ortega).
95 Minuten. *Deutsche Erstaufführung:* 25.7.1991.

»John Travolta ist immer noch ein guter Schauspieler, aber Scotts engagierte Betroffenheit, verbunden mit seinen eigenen Bemühungen, nüchtern zu bleiben, wird banal und melodramatisch gehandhabt.« *(The Motion Picture Guide)*

SHOUT *(Shout)*
USA 1991
Regie: Jeffrey Hornaday. *Buch:* Joe Gayton. *Kamera:* Robert Brinkmann. *Musik:* Randy Edelman, Karyn Rachtman. *Schnitt:* Seth Flaum. *Produktion:* Universal. *Produzent:* Robert Simonds.

Heirat 1991 in Paris, Nachwuchs 1992 in Daytona Beach: Mutter Kelly Preston mit Vater

193

Darsteller: JOHN TRAVOLTA (Jack Cabe), James Walters (Jesse Tucker), Heather Graham (Sara Benedict), Richard Jordan (Eugene Benedict), Lida Fiorentino (Molly).
84 Minuten. *Deutsche Erstaufführung:* 19.8.1992 (Video).

»Drittklassige Drehbücher dieser Art funktionieren nur, wenn sie mit einer gehörigen Portion Humor umgesetzt werden oder mit ein paar guten Musical-Nummern, und hier fehlt beides.«

(Variety, 7.10.1991)

LOOK WHO'S TALKING NOW *(Kuck mal, wer da jetzt spricht)*
USA 1993
Regie: Tom Ropelewski. *Buch:* Tom Ropelewski, Leslie Dixon. *Kamera:* Oliver Stapleton. *Musik:* William Ross. *Schnitt:* Michael A. Stevenson, Harry Hitner. *Produktion:* TriStar. *Produzent:* Jonathan D. Krane.
Darsteller: JOHN TRAVOLTA (James/Jimmy), Kirstie Alley (Mollie), Olympia Dukakis (Rosie), Lysette Anthony (Samantha), David Gallagher (Mikey), Tabitha Lupien (Julie).
95 Minuten. *Deutsche Erstaufführung:* 17.3.1994.

»Ein mißlungener, langweiliger Film, zudem fragwürdig, weil er jungen Zuschauern Intoleranz vermittelt.«

(Lexikon des internationalen Films)

PULP FICTION *(Pulp Fiction)*
USA 1993
Regie: Quentin Tarantino. *Buch:* Quentin Tarantino, Roger Roberts Avary. *Kamera:* Andrzej Sekula. *Musik:* Diverse Rock- und Popsongs. *Schnitt:* Sally Menke. *Produktion:* Brown 25/Jersey. *Produzent:* Lawrence Bender.
Darsteller: JOHN TRAVOLTA (Vincent), Bruce Willis (Butch), Uma Thurman (Mia), Samuel L. Jackson (Jules), Harvey Keitel (The Wolf), Ving Rhames (Marsellus Wallace), Tim Roth (Pumpkin), Amanda Plummer (Honey Bunny), Rosanna Arquette (Jody), Christopher Walken (Koons), Eric Stoltz (Lance).
149 Minuten. *Deutsche Erstaufführung:* 3.11.1994.

»Tarantino tut in *Pulp Fiction* das, wozu er als Filmfreak mit enzyklopädischem Cineastenwissen wohl geboren ist: Er verbindet Verehrung und Ketzerei. Er nimmt die alten Geschichten und erfindet sie neu, dreht und verfremdet sie, bis sie die denkbar absurdeste Wendung genommen haben. … Noch nie hat es ein Killerduo wie Vincent (John Travolta) und Jules (Samuel L. Jackson) gege-

Mit Filmfamilie in ›Kuck mal, wer da jetzt spricht‹

ben, zwei philosophisch-kriminelle Marx-Brothers, die vor und nach ihren Todeskommandos lange, geradezu talmudische Debatten über Wunder, Fußmassagen und den korrekten Verzehr von Pommes frites führen. Welcher anständige Gangsterfilm würde sich darüber Gedanken machen? Und seine Killer endlos darüber reden lassen?« (Susanne Weingarten, *Der Spiegel,* 44/1994)

»Die Rolle des Killers paßt auf den ersten Blick so gar nicht zu John Travolta: Er wirkt eher wie ein in die Jahre gekommener, füllig gewordener Papagallo, nicht wie ein kaltblütiger Mörder. Er gibt sich arglos, naiv, etwas unbeteiligt, und seine blauen Kulleraugen blicken kindlich-unschuldig. Gerade das Fehlen der Killer-Attitüden macht ihn in der Rolle so glaubwürdig.«

(Stella Bettermann, *Focus* 44/1994)

»Eines Tages wird *Pulp Fiction* der Film sein, der die 90er Jahre auf den Punkt brachte – als Hymne auf eine Trashkultur, die auch aus Killern ganz normale Menschen macht.« (*Die Woche,* 1.3.1996)

»Mit lakonischem Humor zeigt die glänzend geschriebene, überzeugend gespielte und formal brillante schwarze Komödie eine Gesellschaft, die von Brutalität, Dummheit, moralischer Indifferenz und grotesken Zufällen beherrscht wird. Bekannte Muster der Trivialkultur und des amerikanischen B-Pictures werden auf intelligente Weise variiert und konterkariert. Dabei schreckt der Film auch nicht vor exzessiven, wenn auch satirisch überspitzten, Gewaltszenen zurück, die teilweise nur schwer verdaulich sind.«

(*Filmdienst* 31041)

WHITE MAN'S BURDEN (*Straße der Rache*)
USA 1995
Regie: Desmond Nakano. *Buch:* Desmond Nakano. *Kamera:* Willy Kuranth. *Musik:* Howard Shore. *Schnitt:* Nancy Richardson. *Produktion:* UGC. *Produzent:* Lawrence Bender.
Darsteller: JOHN TRAVOLTA (Pinnock), Harry Belafonte (Thomas), Lelly Lynch (Marsha), Margaret Avary (Megan), Andrew Lawrence (Donnie), Tom Bower (Stanley), Robert Gosset (John). 86 Minuten. *Deutsche Erstaufführung:* 17.6.1996 im ZDF.

GET SHORTY (*Schnappt Shorty*)
USA 1995
Regie: Barry Sonnenfeld. *Buch:* Scott Frank (nach dem gleichnamigen Roman von Elmore Leonard). *Kamera:* Don Petermann. *Musik:* John Lurie. *Schnitt:* Jim Miller. *Produktion:* UIP/Metro Goldwyn-Mayer. *Produzenten:* Danny DeVito, Michael Shamberg, Stacey Sher.
Darsteller: JOHN TRAVOLTA (Chili Palmer), Gene Hackman (Harry Zimm), Rene Russo (Karen Flores), Danny DeVito (Martin Weir), Dennis Farina (Ray »Bones« Barboni), Delroy Lindo (Bob Catlett), James Gandolfini (Bear), Jon Gries (Ronnie Wingate), Renee

Mit Ehefrau Kelly Preston und Sohn Jett 1994 bei den Dreharbeiten zu ›White Man's Burden‹

Props (Nicki), David Paymer (Leo Devoe), Martin Ferrero (Tommy Carlo), Miguel Sandoval (Mr. Escobar).
105 Minuten. *Deutsche Erstaufführung:* 29.2.1996.

»Und es ist Travolta zu verdanken, daß *Schnappt Shorty* die Hürde vom guten Film zum Meisterwerk nahm. Aus zweierlei Gründen: zum einen, weil er als Hauptdarsteller einen wunderbar lakonisch-rotzigen Charme an den Tag legt. Zum anderen aber auch, weil er sich nur bereit erklärte mitzuspielen, wenn alle Dialoge im Film den Geist der Romanvorlage von Elmore Leonard atmen. ... Es gibt einfach nichts an diesem Film auszusetzen. Einem raren Glücksfall, der Spaß macht, ohne die Intelligenz des Publikums zu beleidigen, und der nicht nur in der köstlichen Schlußszene ein paar deftige Überraschungen bereithält.« (gg, *Cinema*, März 1996)

»Der witzigste, spritzigste und temporeichste Film, den man im Frühjahr zu sehen kriegt.« (Tomasso Schultze, *Prinz*, 2/1996)

»Doch das Kapital von *Schnappt Shorty* ist zugleich sein Schwachpunkt: John Travolta. Den tumben, ultracoolen Gangster Vincent Vega aus *Pulp Fiction* nahm man dem Golden-Globe-Gewinner und Oscar-Nominierten in spe voll ab. Den ebenso coolen, aber im Verlauf der Handlung immer smarteren Chili Palmer glaubt man ihm dagegen nicht ganz. Schuld ist daran weniger der Mime als das Drehbuch, das aus der Figur des einfältigen Hitman allzu schnell einen Mann mit Hang zur darstellenden Kunst macht.« (Volker Bleeck, *TV-Spielfilm*, März 1996)

»*Pulp Fiction* faszinierte durch seinen anarcho-zynischen Witz, *Schnappt Shorty* ist nur noch albern und lächerlich bis zur Peinlichkeit. Barry Sonnenfeld, bislang in der Branche wegen seiner seichten Komödien verschrien, hinkt der Entwicklung wieder einmal ein Jahr hinterher.« (Jan-Barra Hentschel, *Rolling Stone*, März 1996)

BROKEN ARROW *(Operation: Broken Arrow)*
USA 1995
Regie: John Woo. *Buch:* Graham Yost. *Kamera:* Peter Levy. *Musik:* Hans Zimmer. *Schnitt:* John Write, Steve Mirkovich. *Produzenten:* Mark Gordon, Bill Badalato, Terence Chang.
Darsteller: JOHN TRAVOLTA (Vic Deakins), Christian Slater (Riley Hale), Samantha Mathis (Terry Carmichael), Delroy Lindo (Wilkens), Frank Whaley (Giles), Kurtwood Smith (Bill).

»Somit ist *Operation: Broken Arrow* das spektakuläre Ergebnis eines Arrangements: Der Individualist John Woo hat kein eigenes, charakteristisches Werk geschaffen, sondern einen überdurchschnittlichen Action-Reißer nach Hollywood-Norm abgeliefert.« (Bernd Teichmann, *Cinema*, Februar 1996)

»Und doch ist alles anders als in *Speed,* denn diesmal ist der Schurke der Star, und das ist John Travolta. Seine Kunst, sich ganz unpsychologisch und insofern ganz altmodisch von außen her aus einer Handvoll scharfer Manierismen (die meisten aus dem Hum-

phrey-Bogart-Repertoire) aufzubauen, ist wieder einmal unwiderstehlich.«   (Urs Jenny, *Der Spiegel*, 7/1996)

»*Operation: Broken Arrow,* ein pyromanischer Knall-Streifen, ist so
schlecht, so klapprig und so wirr, daß auch John Travolta und Christian Slater den Plot nicht mehr hochreißen können.«
                                    (Jochen Siemens, *Stern*, 8/1996)

Register

P

Pacino, Al 9
Paymer, David 168
Perfect [1985] *17*, 101f, *103*, *107*, 108–111, *109*, 114, 169, 188
Petz, John 138
Pfeiffer, Michelle 59
Phenomenon 171, 179
Pinter, Harold 112f
Plummer, Amanda 153
Pointer Sisters 110
Polanski, Roman 180
Prather, Joan 24
Presley, Elvis 9, 19f, 30
Preston, Kelly *29*, 117ff, *118*, 141, *159*, *193*, *197*
Pulp Fiction [1993] 14, 70, 93, 119, *145*, 147–151, *151*, *155*, 156, *157*, 157, 158–162, 169ff, 173f, 179f, 194ff

R

Raab, Ellie 119f
Rain (Theater) 22
Redford, Robert 8
Redgrave, Vanessa 51
Reed, Lou 110
Reed, Oliver 98
Reeves, Michael 35, 52
Die Reifeprüfung (The Graduate) 67
Rendezvous nach Ladenschluß (Shop Around the Corner; Theater) 22
Reservoir Dogs (Reservoir Dogs – Wilde Hunde) 144–147, 150
Rhames, Ving 152
Rhodes, Cynthia 92f
Road Games 102
Rocky III 88

The Rookies (TV-Serie) 22
Roth, Tim 150, 153
Russo, Rene *167*, 168, *173*
Rutowski, Richard 144

S

Saturday Night Fever (Nur Samstag nacht) [1977] 7f, 10, 31–34, *34*, 36f, *39*, 40–51, *45*, *50*, 54, 57, 59, 62, 64, 68, 70, 75f, 79f, 85, 88, 90, 92ff, 112, 118, 141, 154, 156, 162f, 182f
Schindler's List 158
Schmiere (Grease) [1978] 8, *9*, 10, 48, 54, *55*, 56f, *58*, 59, *61*, 62, 64, 70, 79, 85, 93f, 118, 141, 147, 162, 183f
Schnappt Shorty (Get Shorty) [1995] 162, 166, *167*, 169, *170*, 171–174, *173*, 179f, 196ff
Schwarzenegger, Arnold 150, 174
Scientology 24, 37, 111f, 118f, 123, 180
Scott, Tony 144
Sedaka, Neil 30
Segal, George 124
Shakar, Martin 37
She Loves Me (Theater) 22
Shep and the Limelights 128
The Shop Around the Corner (Rendezvous nach Ladenschluß; Theater) 22
Shout [1991] 11, 114, 135, *139*, 139f, 193f
The Silence of the Lambs 158
Silver, Joel 150
Slater, Christian 144, 175, *177*
Smith, Charles Martin 114
Smith, Madolyn 76, *185*

John Grisham

»Grisham schreibt derart spannend, daß man beim Lesen Urlaub vom Urlaub nimmt und im Strandkorb das Baden glatt vergißt.«
WELT AM SONNTAG

»Hochspannung pur.«
FOCUS

Die Jury
01/8615

Die Firma
01/8822

Die Akte
01/9114

Der Klient
01/9590

Die Kammer
01/9900

01/9900

Heyne-Taschenbücher